梁启超 著

中国历史研究法补编

中华书局

图书在版编目（CIP）数据

中国历史研究法补编/梁启超著. —北京：中华书局，2016.6
（跟大师学国学）
ISBN 978-7-101-11798-1

Ⅰ.中… Ⅱ.梁… Ⅲ.中国历史-研究方法 Ⅳ.K207

中国版本图书馆 CIP 数据核字（2016）第 093709 号

书　　名	中国历史研究法补编
著　　者	梁启超
丛 书 名	跟大师学国学
责任编辑	李洪超
出版发行	中华书局
	（北京市丰台区太平桥西里 38 号　100073）
	http://www.zhbc.com.cn
	E-mail：zhbc@zhbc.com.cn
印　　刷	北京瑞古冠中印刷厂
版　　次	2016 年 6 月北京第 1 版
	2016 年 6 月北京第 1 次印刷
规　　格	开本/889×1194 毫米　1/32
	印张 8⅛　字数 150 千字
印　　数	1—6000 册
国际书号	ISBN 978-7-101-11798-1
定　　价	25.00 元

写给年轻人的国学读本

——"跟大师学国学"出版缘起

这是一套写给年轻人的国学读本。

"国学"之名，始自清末。其时欧美学术进入中国，号为"新学"、"西学"等，与之相对，人们便把中国固有的学问统称为"旧学"、"中学"或"国学"等。

晚清民国时期，东西方文化会通碰撞，人文学术勃兴，产生了一批大师级的学者，留下了丰厚的文化遗产。他们的著述，历经岁月洗磨，至今仍熠熠生辉。我国古代经典，浩繁艰深，而这些著作无异于方便后人接近经典、了解历史与文化的一座座桥梁，其价值自不待言。

遗憾的是，出于诸种原因，这些著作，有的版本繁多，错漏杂见，有的久不再版，一书难觅。有鉴于此，我们特组织出版"跟大师学国学"书系，从中遴选出一些好读易懂、简明扼要的作品，仔细编校，统一装帧，分批推出，以飨读者。

这些作品，大多是一版再版的经典，不仅在文化学术界历来享有盛誉，也在广大读者中间有较高知名度；另有一部分，出自当日名家，影响很大，但 1949 年后未曾重印，借此次机会，将之重新推荐给大家。

这些作品，有的是为高中生所撰的教材，如张荫麟先生《中国史纲》；有的是为青年学生所作的讲演，如章太炎先生《国学概论》和梁启超先生《中国历史研究法》；有的是应约为青年人所写的通俗读物,如吕思勉先生《三国史话》——都是大家名家面向年轻读者讲述,不作高头讲章,也不掺杂教条习气。这正应了曹聚仁先生记录章太炎先生所作国学讲演时所说:

任在何时何地的学者,对于青年们有两种恩赐:第一,他运用精利的工具,辟出新境域给人们享受;第二,他站在前面,指引途径,使人们随着在轨道上走。

这也是本书系立意所在——让年轻一代享受大师们的文化成果,学习大师们的治学方法,感知大师们的智慧才情。朱自清先生说得好:"经典训练的价值不在实用,而在文化。……做一个有相当教育的国民,至少对于本国的经典,也有接触的义务。"这对当今社会的年轻人来说,也许是一个并不过时的提醒。

我们希望,这些作品能在新的时代,帮助年轻朋友熟悉经典,认识中国的历史与文化。

中华书局编辑部

2009 年 4 月

写在前面

《中国历史研究法补编》一书，是梁启超先生于 1926 年 10 月至 1927 年 5 月在清华学校所作的演讲。因当时梁启超的健康状况不佳，先由其弟子周传儒、姚名达记录，再经其本人校阅，整理成书。初由商务印书馆于 1930 年 4 月作为"万有文库"之一出版，又以"国学小丛书"之一，于 1933 年 6 月出版，多次再版。后收入《饮冰室合集》专集之九十九。

本书分总论与分论两部分。总论包括《史的目的》、《史家的四长》及《五种专史概论》。梁启超说：研究"历史的目的在将过去的真事实予以新意义或新价值，以供现代人活动之资鉴"。在"求得真事实"一节中，他提出了钩沉法、正误法、搜集排比法、联络法等研究历史的方法。关于"读史的方式"，有"鸟瞰式"和"解剖式"。他还阐明了史家应具备的"四长"，即史德、史学、史识和史才。在分论中，他详尽地论述了有关"人的专史"、"文物的专史"等专史的撰写方法，原拟作的"事的专史"、"地方的专史"和"断代的专史"等则未及讲述。本书和《中国历史研究法》一样，系梁启超二十多年史学研究的总结，其中所讲许多治史经验，至今仍具有指引历史研究门径、启迪后学的价值。

梁启超在本书的《绪论》中称："此次所讲的《历史研究法》，与几年前所讲的《历史研究法》迥然不同"，过去注重通史，"此次讲演……偏重研究专史如何下手"。近年来重新出版的《中国历史研究法》，除个别版本外，其他均将《补编》与之合在一起出版。这样固然便于读者阅读，但不可否认也在某种程度上掩没了《补编》本身的特点与价值。因此，此次我们恢复本书的原貌，单独出版。

本次出版，我们以商务印书馆 1947 年本为底本，参校《饮冰室合集》本，对书稿进行校订，某些字词用法保留当时的习惯；并附录作者另外两篇讲专史的文章，即《历史统计学》、《中国考古学之过去及将来》，供读者参考。

目　录

绪 论

　　此次所讲的《历史研究法》，与几年前所讲的《历史研究法》迥然不同。一则因为本人性情，已经讲过的东西不愿再讲；再则用旧的著作做讲演稿，有甚么意思。诸君不要以为此次所讲的就是前次讲过的！我那旧作《中国历史研究法》只可供参考而已。此次讲演实为旧作的一种补充。凡《中国历史研究法》书中已经说过的，此次都不详细再讲。所以本篇可名之为《补中国历史研究法》或《广中国历史研究法》。

　　本演讲全部组织,可以分为"总论"、"分论"两部。总论注重理论的说明。分论注重专史的研究。其宗旨在使有研究历史兴味的人,对于各种专史知道应该研究并且知道如何研究。旧作所述,极为简单,不过说明一部通史应如何作法而已。此次讲演,较为详细,偏重研究专史如何下手。因为作通史本不是一件容易的事情。专史没有做好,通史更做不好。若是各人各做专史的一部分,大家合起来,便成一部顶好的通史了。此次讲演,既然注重专史,所以又可叫做《各种专史研究法》。总论的部分,因为是补充《中国历史研究法》所不足,所以很零乱,没有甚么系统。分论的部分,因为注重各种专史的作法,所以较复杂,更丰富;其内容又可分为五项:

　　(一)人的专史　即旧史的传记体、年谱体,专以一个人为主。例如《孔子传》、《玄奘传》、《曾国藩年谱》等。

　　(二)事的专史　即旧史的纪事本末体,专以重大事情为主。例如晚明流寇、复社本末、洪杨之乱、辛亥革命等。

　　(三)文物的专史　即旧史的书志体,专以文物典章社会状况为主。如我去年在本校(清华)所讲《文化史》即属此项性质,此在专史中最为重要。

　　(四)地方的专史　即旧史之方志体;因中国幅员太广,各地发展之经过多所悬殊,旧史专以帝都所在为中心,实不能提挈全部文化之真相,所以应该分为若干区域,以观其各时代发达之迹。其边地如滇、黔、西域、关东……等,尤当特别研究。

　　(五)断代的专史　即旧史的断代史体,专以一个时代为主,但不必以一姓兴亡画分。例如《春秋史》、《战国史》、《晚唐藩镇及五代十国史》、《宋辽金夏时代史》等。

虽然专史并不只此五种，然粗略分类，所有专史大都可以包括了。例如人的传记，一人如何做，多人如何做，年谱如何做；又如事的本末，战争如何做，变革如何做，兴亡如何做；其他文物的考据，断代的划分，应该如何：这类问题，以后每次讲一项；仔细研究，具体讨论，每项举一个例，将各种专史的做法，分门别类，讲演一番，于诸君日后自己研究上，或者较有益处。

总论之部，计分三章，其目如下：

第一章　史之目的

第二章　史家之四长

第三章　五种专史概论

此三章，不伦不类，没有甚么系统与组织。其原因，一则因为有许多方法，旧作已经讲过，此外不必细述；再则因为此次讲演，专重专史的研究，那些空空洞洞的理论也没有细说的必要。这样一来，所以总论三章不得不极其简略了。

总　论

第一章　史的目的

　　无论研究何种学问，都要有目的。甚么是历史的目的？简单一句话，历史的目的在将过去的真事实予以新意义或新价值，以供现代人活动之资鉴。假如不是有此种目的，则过去的历史如此之多已经足够了，在中国他种书籍尚不敢说，若说历史书籍，除"二十四史"以外，还有"九通"及"九种纪事本末"等，真是汗牛充栋，吾人做新历史而无新目的，大大可以不作。历史所以要常常去研究，历史所以值得研究，就是因为要不断的予以新意义及新价值以供吾人活动的资鉴。

譬如电影,由许多呆板的影片凑合成一个活动的电影,一定有他的意义及价值,合拢看,是活的,分开看,是死的,吾人将许多死的影片组织好,通上电流,使之活动,活动的结果,就是使人感动。研究历史也同做电影一样:吾人将许多死的事实组织好,予以意义及价值,使之活动,活动的结果,就是供给现代人应用。再把这个目的分段细细解释,必定要先有真事实,才能说到意义,有意义才能说到价值,有意义及价值才可说到活动。

甲　求得真事实

(一)钩沉法　想要求得真事实,有五种用功的方法。已经沉没了的实事,应该重新寻出。此类事实,愈古愈多。譬如欧洲当中世纪的时候,做罗马史的人,专靠书本上的记载,所以记载的事情有许多靠不住的。后来罗马邦淠等处发现很多古代的遗迹实物,然后罗马史的真相才能逐渐明白。此类事实,不专限于古代;即在近代亦有许多事实没去了,要把他钩出来,例子亦很不少。如俾士麦死了以后,他的日记才流传出来;那日记上面所记的与前此各种记录所传的大不相同,于是当时历史上欧洲诸国的关系因而有许多改观的地方。此种例子,在中国尤其繁多:在光绪二十六七年间,有一次,德皇威廉第二发起组织中俄德联盟,相传结有密约。关于欧洲方面的史料虽略有发现,关于中国方面的史料一点也没有。要知道这件事的真相,非设法问当时的当事人不可。慈禧太后死了;庆亲王奕劻当时掌握朝政,想来很了然,可惜没有法子去问。此外,孙宝琦当时为驻德公使,在理应该清楚,但他并没有记载下来。若不趁这时问个明白,此项史料便如沉落大海了;我们若把他钩起来,岂非最有趣味最关紧要的事情。

(二)正误法 有许多事实,从前人记错了,我们不特不可盲从,而且应当改正。此类事实,古代史固然不少,近代史尤其多。比如现在京汉路上的战争,北京报上所载的就完全不是事实。吾人研究近代史,若把所有报纸,所有官电,逐日仔细批阅抄录,用功可谓极勤,但结果毫无用处。在今日尚如此,在古代亦是一样。而且还要错误得更利害些。

以上两种方法,在《中国历史研究法》上讲得很详,此处用不着细说了。其实吾人研究历史,不单在做麻烦工作及寻难得资料,有许多资料并不难觅,工作亦不麻烦的题目,吾人尤其应该注意。近人考据,喜欢专门研究一个难题,这种精神固然可取,但专门考校尚非主要工作;没有问题的资料应当如何整理,极其平常的工作应当如何进行,实为重要问题。上述二项,讲的是含有特别性的事实的处理方法。下面三项,专讲含有普通性的事实的处理方法。

(三)新注意 有许多向来史家不大注意的材料,我们应当特别注意它。例如诗歌的搜集,故事的采访,可因以获得许多带历史成分的材料,前人不甚注意,现在北京大学有人在那里研究了。还有许多普通现象,普通事务,极有研究的价值的。例如用统计的方法研究任何史料,都可有发明;从地理上的分配及年代的分配考求某种现象在何代或何地最为发达,也就是其中的一种。又如西域的文化,从前人看得很轻,普通提到甘肃、新疆,常与一般蛮夷平等看待,以为绝对没有甚么文化。但据最近的研究——尤其是法国人德国人的研究——发见西域地方在古代不特文化很高,而且与中国本部有密切的关系,许多西方文化皆从西域输入。此外,有许多小事情,前人不注意,看不出他的重要,若是我们予以一种新解释,立刻便重要起来。往往因为眼前问题引出很远的问题,因为小的范围扩张到大的范围。我们研究历史,要将注意力集中,要另具只眼,把历史上平常人所不注意的事情,作为发端,追根研究下去,可以引出许多新事实,寻得许多新意义。

(四)搜集排比法　有许多历史上的事情,原来是一件件的分开着,看不出什么道理;若是一件件的排比起来,意义就很大了。例如扫帚草是一株极平常的植物,栽花栽到扫帚草,一点也不值得注意;但是若把它排成行列,植成文字,那就很好看了。所谓"属辞比事,《春秋》教也",正是这个意思。我们研究历史,要把许多似乎很不要紧的事情联合起来,加以研究。又如中国人过节,是一件极普通的事情,一年之中要过许多的节;单过中秋,觉得没有甚么意义;若把端午、七夕、中秋、重阳等节排比起来,加以比较,然后研究为甚么要过节,过节如何过法,就可以从这里边看出许多重要的意义,或者是纪念前哲,或者娱乐自己;国民心理的一部份,胥可由此看出。诸如此类的事实很多,散落零乱时,似无价值,一经搜集排比,意义便极其重大。所以历史家的责任,就在会搜集,会排比。

(五)联络法　第四种方法可以适用于同时的材料,第五种方法可以适用于先后的材料。许多历史上的事情,顺看平看似无意义,亦没有甚么结果,但是细细的把长时间的历史通盘联络起来,

就有意义,有结果了。比如晚明时代,许多士大夫排斥满清,或死
或亡,不与合作,看去似很消极,死者自死,亡者自亡,满清仍然做
他的皇帝,而且做得很好,这种死亡,岂不是白死亡了吗? 这种不
合作,岂不是毫无意义吗? 若把全部历史综合来看,自明室衰亡看
起,至辛亥革命止,原因结果,极明白了;意义价值,亦很显然。假
如没有晚明那些学者义士仗节不辱,把民族精神唤起,那末辛亥革
命能否产生,还是问题呢。历史上有许多事情是这样:若是不联络
看,没有甚么意义可言;假如仔细研究,关系极其重要。

　　上述对于事实的五种用功方法,若研究过去事实,此五种方法
都有用,或全用,或用一二种,不等。以下再讲予以新意义及新
价值。

乙　予以新意义

　　所谓予以新意义,有几种解释。或者从前的活动,本来很有意
义,后人没有觉察出来,须得把它从新复活。所谓"发潜阐幽",就
是这个意思。或者从前的活动,被后人看错了,须得把它从新改
正。此种工作,亦极重要。前一项例子比较的少,后一项例子比较
的多。譬如研究周公的封建制度,追求本来用意究竟何在;有人说
封建是社会上最好的制度,最有益的制度,到底周公采用封建,就
是因为它是最有益的制度吗? 其实周公意思并非认封建对于全体
社会有何益处,不过对于周朝那个时代较为适用较为有益而已。
又如研究王荆公的新法,追求他本来用意究竟何在。从前大家都

把他看错了,都认为一个聚敛之臣。到底荆公采用新法,完全以聚敛为目的吗? 其实荆公种种举动,都有深意。他的青苗、保甲、保马、市易诸法,在当时确是一种富国强兵之要术。到了后来,仍然常常采用呢。还有一种,本来的活动完全没有意义,经过多少年以后,忽然看出意义来了。因为吾人的动作一部份是有意识的动作,一部份是无意识的动作——心理学上或称潜意识,或称下意识。如像说梦话或受催眠术等,都是。一人如此,一团体一社会的多数活动亦然。许多事本来无意义,后人读历史才能把意义看出。总括起来说,吾人悬拟一个目的,把种种无意义的事实追求出一个新意义,本来有意义而看错了的,给他改正,本有意义而没觉察的,给他看出来。所谓予以新意义,就是这样解释。

丙　予以新价值

所谓予以新价值,就是把过去的事实,从新的估价。价值有两种:有一时的价值,过时而价顿减;有永久的价值,时间愈久,价值愈见加增。研究历史的人,两种都得注意,不可有所忽视。甚么是一时的价值? 有许多事实,在现在毫无价值,在当时价值很大。即如封建制度,确是周公的强本固基的方法。周朝八百多年的天下,全靠这种制度维持。吾人不能因为封建制度在今日没有用处,连他过去的价值,亦完全抹杀。历史上此类事实很多,要用公平眼光从当时环境看出他的价值来。甚么是永久的价值? 有许多事实,在当时价值甚微,在后代价值极为显著。即如晚明士大夫之抗满清,在当时确是一种消极的无效果的抵制法,于满清之统治中国丝毫无损;但在辛亥革命时,才知道从前的排满是有价值的;而且在永久的民族活动上,从前的排满也是极有价值。历史家的责任,贵在把种种事实摆出来,从新估定一番。总括起来说:就是从前有价值,现在无价值的,不要把它轻轻抹杀了;从前无价值,现在有价值的,不要把它轻轻放过了。

丁　供吾人活动之资鉴

新意义与新价值之解释既明,兹再进而研究供吾人活动之资鉴。所谓活动,亦有二种解释,即社会活动方面与个人活动方面。研究两方面的活动,都要求出一种用处。现在人很喜欢倡"为学问而学问"的高调。其实"学以致用"四字也不能看轻。为甚么要看历史? 希望自己得点东西。为甚么要作历史? 希望读者得点益处。学问是拿来致用的,不单是为学问而学问而已。

先言社会活动方面。社会是继续有机体,个人是此有机体的一个细胞。吾人不论如何活动,对于全盘历史,整个社会,总受相当束缚。看历史要看他的变迁,这种变迁就是社会活动。又分二目:

(一)转变的活动　因为经过一番活动,由这种社会变成他种社会,或者由一种活动生出他种活动,无论变久变暂,变好变坏,最少有一大部分可以备现代参考。通常说一治一乱,我们要问如何社会会治,如何社会会乱;并且看各部分各方面的活动,如像君主专制之下,君主宰相的活动,以及人民的活动,如何结果,如何转变:这样看出来的成败得失,可以供吾人一部分的参考。

(二)增益的活动　政治的治乱,不过一时的冲动;全部文化才是人类活动的成绩。人类活动好像一条很长的路,全部文化好像一个很高的山。吾人要知道自己的立足点,自己的责任,须得常常设法走上九百级的高山上添上一把土。因是之故,第一要知道文化遗产之多少。若不知而创作,那是白费气力。第二要知道添土的方法。我是中国一分子,中国是世界一分子,旁人添一把土,我亦添一把土,全部文化自然增高了。

次述个人活动方面。严格说起来,中国过去的历史,差不多以历史为个人活动的模范,此种特色,不可看轻。看历史要看他的影响,首当其冲者就是个活动。亦可分为二目:

(一)外的方面　司马光作《资治通鉴》,其本来目的就是拿给个人作模范的。自从朱子以后,读此书的人都说他"最能益人神智"。甚么叫益人神智? 就是告诉人对于种种事情如何应付的方法,此即历史家真实本领所在。司马光的《资治通鉴》可以益人神智之处甚多,毕秋帆的《续资治通鉴》可以益人神智之处就少了。因为毕书注重死的方面,光书注重活的方面。光书有好几处记载史事,不看下面,想不出应付的方法,再看下面,居然应付得很好。这种地方,益人神智不少。

(二)内的方面　我们看一个伟人的传记,看他能够成功的原因,往往有许多在很小的地方,所以自己对于小事末节,也当特别注意。但不单要看他的成功,还要看他的失败,如何会好,如何会坏,两面看到,择善而从。读史,外的益处,固然很多,内的益处,亦复不少。

史家有社会个人两方俱顾虑到的,好像一幅影片,能教人哭,能教人笑。影片而不能使人哭,使人笑,犹之历史不能增长智识,锻炼精神,便没有价值一样。

戊 读史的方式

附带要说几句:关于读历史的方法,本来可以不在这儿讲。不过稍为略说几句,对于自己研究上亦有很大的益处。如何读历史,才能变死为活,才能使人得益,依我的经验,可以说有两种:一种是鸟瞰式;一种是解剖式。

(一)鸟瞰式 这种方法在知大概。令读者于全部书或全盘事能得一个明了简单的概念,好像乘飞机飞空腾跃,在半天中俯视一切,看物摄影,都极其清楚不过。又可以叫做飞机式的读史方法。

(二)解剖式 这种方法在知底细。令读者于一章书或一件事能得一个彻始彻终的了解。好像用显微镜细察苍蝇,把苍蝇的五脏六腑看得丝丝见骨。这种方法又可以叫做显微镜的读史方法。

此回所讲,偏于专史性质,既较精细深刻,所以用的方法以解剖式为最多。然用鸟瞰式的时候亦有。最好先得概念,再加以仔细研究。一面做显微镜式的工作,不要忘了做飞机式的工作。一面做飞机式的工作,亦不要忘了做显微镜式的工作。实际上,单有鸟瞰,没有解剖,不能有圆满的结果。单有解剖,没有鸟瞰,亦不能得良好的路径。二者不可偏废。

　　至于参考书目，关于专门的，我想开一总单，不分章节。因为图书馆少，恐怕分配不均。开一总单则彼此先后借阅，不致拥挤。下礼拜打算就开出来(名达按：先生后因身体不健，未及编此参考书目)。关于一般的，可以先读下列各书；没读过的非读不可，读过的不妨重读。

　　　　(一)《中国历史研究法》　　　梁启超

　　　　(二)《史通》　　　　　　　　刘知几

　　　　(三)《通志》(总叙及二十略叙)　郑　樵

　　　　(四)《文史通义》　　　　　　章学诚

　　　　(五)《章氏遗书》(关于论史之部)　章学诚

第二章　史家的四长

　　刘子元说史家应有三长，即史才、史学、史识。章实斋添上一个史德，并为四长。实斋此种补充，甚是。要想做一个史家，必须具备此四种资格。子元虽标出三种长处，但未加以解释；如何才配称史才、史学、史识，他不曾讲到。实斋所著《文史通义》，虽有《史德》一篇，讲到史家心术的重要，但亦说得不圆满。今天所讲，就是用刘章二人所说的话，予以新意义，加以新解释。

　　子元、实斋二人所讲，专为作史的人说法。史学家要想作一部好史,应具备上述三长或四长。同学诸君方在读书时代,只是预备学问,说不上著作之林;但我们学历史,其目的就在想将来有所贡献;此刻虽不是著作家,但不可不有当著作家的志向。并且,著作家的标准亦很难说,即如太史公用毕生精力作了一部《史记》,后人不满意的地方尚多,其余诸书更不用说了。此刻我们虽不敢自称著作家,但是著作家的训练工作则不可少。所以史家四长之说,就不得不细细用一番功夫去研究,看要如何才能够达到这种目的。

至于这几种长处的排列法,各人主张不同:子元以才为先,学次之,识又次之;实斋又添德于才学识之后。今将次第稍为变更一下,先史德,次史学,又次史识,最后才说到史才。

甲　史德

现在讲史德。诸君有功夫,可参看《文史通义》的《史德篇》。实斋以为作史的人,心术应该端正。譬如《魏书》,大众认为秽史,就是因魏收心术不端的原故。又如《左氏春秋》,刘歆批评他"是非不谬于圣人",就是心术端正的原故。简单说起来,实斋所谓史德,乃是对于过去毫不偏私,善恶褒贬,务求公正。

历代史家对于心术端正一层,大都异常重视。这一点,吾人认为有相当的必要,但尚不足以尽史德的含义。我以为史家第一件道德,莫过于忠实。如何才算忠实? 即"对于所叙述的史迹,纯采客观的态度,不丝毫参以自己意见"便是。例如画一个人,要绝对像那个人。假使把灶下婢画成美人，画虽然美，可惜不是本人的面目。又如做一个地方游记，记的要确是那个地方。假使写颜子的陋巷，说他陈设美丽，景致清雅，便成了建筑师的计划，不是实地的事物了。

忠实一语，说起来似易，做起来实难。因为凡人都不免有他的主观；这种主观，蟠踞意识中甚深，不知不觉便发动起来。虽打主意力求忠实，但是心之所趋，笔之所动，很容易把信仰丧失了。完美的史德，真不容易养成。最常犯的毛病，有下列数种，应当时时注意，极力铲除。

（一）夸大　一个人做一部著作——无论所作的是传记，是纪事本末，是方志，或是国史，总有他自己的特别关系。即如替一个人作特别传记，必定对于这个人很信仰，时常想要如何才做得很好。中国人称说孔子，总想像他是无所不知，无所不晓。所以《孔子家语》及其他纬书竟把孔子说成一个神话中的人物了。例如说孔子与颜子在泰山顶上同看吴国城门中的一个人，颜子看得模糊，孔子看得极其清楚。诸如此类，其意思纵使本来不坏，但是绝非事实，只能作为一种神话看待。无论说好说坏，都是容易过分，正如子贡所谓"纣之不善，不如是之甚也"。又如地方志，自己是那一省人，因为要发挥爱乡心，往往把那一省说得很好。不过，过分的夸大，结果常引出些无聊的赞美，实际上毫无价值。再如讲中国史，听见外国人鄙视中国，心里就老大不愿意，总想设法把中国的优点表彰出来，一个比一个说得更好，结果只养成全国民的不忠实之夸大性。夸大心，人人都有；说好说坏，各人不同。史家尤其难免。

自问没有,最好;万一有了,应当设法去掉它。

(二)附会　自己有一种思想,或引古人以为重,或引过去事实以为重,皆是附会。这种方法,很带宣传意味,全不是事实性质。古今史家,皆不能免。例如提倡孝道,把大舜作个榜样,便附会出完廪浚井等等事实来。想提倡夫妇情爱,便附会出杞梁哭夫的事实,一哭会把城墙哭崩了。愈到近代,附会愈多。关于政治方面,如提倡共和政体,就附会到尧舜禅让,说他们的"询于四岳",就是天下为公,因说我们古代也有共和政治,民主精神。关于社会方面,如提倡共产制度,就附会周初井田,是以八家为井,井九百亩,每家百亩,公田百亩,因说我们古代也讲土地国有,平均劳逸。这种附会,意思本非不善,可惜手段错了。即如尧舜禅让,有没有这回事,尚是问题;勉强牵合到民主政治上去,结果两败俱伤。从事实本身说,失却历史的忠实性;从宣传效力说,容易使听的人误解。曹丕篡汉时,把那鬼混的禅让礼行完之后,他对人说:"舜禹之事,吾知之矣。"假使青年学子误解了尧舜"询于四岳",以为就是真正共和,也学曹丕一样说,"共和之事,吾知之矣",那可不糟透了吗?总之,我们若信仰一主义,用任何手段去宣传都可以,但最不可借史事做宣传工具。非惟无益,而又害之。

(三)武断　武断的毛病,人人都知道不应该,可是人人都容易犯。因为历史事实,散亡很多,无论在古代,在近代,都是一样。对于一件事的说明,到了材料不够时,不得不用推想。偶然得到片辞孤证,便很高兴,勉强凑合起来,作为事实。因为材料困难,所以未加审择,专凭主观判断,随便了之,其结果就流为武断了。固然,要作一部历史,绝对不下断案是不行的。——断案非论断,乃历史真相。即如尧、舜禅让,究竟有没有这回事,固极难定;但不能不搜集各方面的意见,择善而从,下一个"盖然"的断案。——但是不要太爱下断案了。有许多人爱下判断,下得太容易,最易陷于武断:资料和自己脾胃合的,便采用;不合的,复删除;甚至因为资料不足,从事伪造;晚明人犯此毛病最多。如王弇州、杨升庵等皆是。

忠实的史家对于过去事实,十之八九应取存疑的态度。即现代事实,亦大部分应当特别审慎,民国十五年来的事实,算是很容易知道的。但要事事都下断案,我自己就常无把握,即如最近湖北的战事,吴佩孚在汉口,究竟如何措施?为甚么失汉阳,为甚么失武胜关?若不谨慎,遽下断案,或陷于完全错误,亦未可知。又如同学之间,彼此互作传记,要把各人的真性格描写出来,尚不容易;何况古人,何况古代事实呢?所以历史事实,因为种种关系,绝对确实性很难求得的时候,便应采取怀疑态度,或将多方面的异同详略罗列出来。从前司马光作《资治通鉴》,同时就作考异,或并列各说,或推重一家。这是很好的方法。

总而言之,史家道德,应如鉴空衡平,是甚么,照出来就是甚么,有多重,称出来就有多重,把自己主观意见铲除净尽,把自己性格养成像镜子和天平一样。但这些话,说来虽易,做到真难。我自己会说,自己亦办不到。我的著作,很希望诸君亦用鉴空衡平的态度来批评。

乙　史学

有了道德，其次要讲的就是史学。前人解释史学，太过空洞，范围茫然，无处下手。子元、实斋虽稍微说了一点，可惜不大清楚。现在依我的意见，另下解释。

历史范围，极其广博。凡过去人类一切活动的记载都是历史。古人说："一部十七史，何从说起？"十七史已经没有法子读通，何况由十七而二十二而二十四呢？何况正史之外，更有浩如烟海的其他书籍呢？一个人想将所有史料，都经目一遍，尚且是绝对不可能之事；何况加以研究组织，成为著述呢？无论有多大的天才学问和精力，想要把全史包办，绝无其事。我年轻时，曾经有此种野心，直到现在，始终没有成功。此刻只想能够在某部的专史，得有相当成绩，便踌躇满志了。所以凡做史学的人，必先有一种觉悟，曰：贵专精不贵杂博。

孔子说："君子于其所不知，盖阙如也。"我们做学问，切勿以为"一物不知，儒者之耻"。想要无所不知，必定一无所知。真是一无所知，那才可耻哟。别的学问如此，史学亦然。我们应该在全部学问中，划出史学来；又在史学中，划出一部分来：用特别兴趣及相当预备，专门去研究它。专门以外的东西，尽可以有许多不知；专门以内的东西，非知到透彻周备不可。所以我们做史学，不妨先择出一二专门工作，作完后，有余力，再作旁的东西。万不可以贪多。如想做文学史，便应专心研究，把旁的学问放开。假使又嫌文学史范围太大,不妨再择出一部分,如王静安先生单研究"宋元戏曲史"之类。做这种工作,不深知诗史词史,或可以;对于本门,则务要尽心研究,力求完备。如此一来,注意力可以集中,访问师友,既较容易,搜集图书,亦不困难,才不至游骑无归,白费气力。有人以为这样似太窄狭,容易抛弃旁的学问,其实不然。学问之道,通了一样,旁的地方就很容易。学问门类虽多,然而方法很少。如何用脑,如何用目,如何用手,如何询问、搜集,养成习惯,可以应用到任何方面。好像攻打炮台,攻下一个,其余就应手而下了。

有了专门学问,还要讲点普通常识。单有常识,没有专长,不能深入显出。单有专长,常识不足,不能触类旁通。读书一事,古人所讲,专精同涉猎,两不可少。有一专长,又有充分常识,最佳。大概一人功力,以十之七八,做专精的功夫,选定局部研究,练习搜罗材料,判断真伪,抉择取舍;以十之二三,做涉猎的功夫,随便听讲,随便读书,随意谈话:如此做去,极其有益。关于涉猎,没有甚么特别法子;关于专精下苦功的方法,约有下面所列三项。

(一)勤于抄录 顾亭林的《日知录》,大家知道是价值很高。有人问他别来几年,《日知录》又成若干卷?顾氏答应他说,不讨几条。为甚么几年功夫才得几条?因为陆续抄录,杂凑而成,先成长编,后改短条,所以功夫大了。某人日记称,见顾氏《天下郡国利病书》原稿,写满了蝇头小楷,一年年添上去的,可见他抄书之勤。顾氏常说,"善读书不如善抄书",常常抄了,可以渐进于著作之林。抄书像顾亭林,可以说勤极了。我的乡先生陈兰甫先生作《东塾读书记》,即由抄录误成。新近有人在香港买得陈氏手稿,都是一张张的小条,裱成册页。或一条仅写几个字,或一条写得满满的。我现在正以重价购求此稿,如能购得,一则可以整理陈氏著作,一则可以看出他读书的方法。古人平常读书,看见有用的材料就抄下来;积之既久,可以得无数小条;由此小条,辑为长编;更由长编,编为巨制。顾亭林的《日知录》,钱大昕的《十驾斋养新录》,陈兰甫的《东塾读书记》,都系由此作成。一般学问如此,做专门学问尤其应当如此。近来青年常问我,研究某事,甚么地方找材料。我每逢受此质问,便苦于答不出来。因为资料虽然很丰富,却是很散漫,并没有一部现成书把我们所要的资料凑在一处以供取携之便。就这一点论,外国青年做学问,像比我们便宜多了。他们想研究某种问题,打开百科辞典,或其他大部头的参考书,资料便全都罗列目前。我们却像披沙拣金,拣几个钟头,得不到一粒。但为实际上养成学问能力起见,到底谁吃亏,谁便宜,还是问题。吃现成饭,吃惯了的人,后来要做很辛苦的工作,便做不来了。"谁知盘中餐,粒粒皆辛苦。"一粒米,一颗饭,都经过自己的汗血造出来,入口便更觉异常甘美。我们因为资料未经整理,自己要作做筚路蓝缕、积铢累寸的工作,实是给我们以磨练学问能力之绝好机会。我们若厌烦,不肯做,便错过机会了。

　　(二)练习注意　初学读书的人,看见许多书,要想都记得,都能作材料,实在很不容易。某先辈云:"不会读书,书面是平的;会读书,字句都浮起来了。"如何才能使书中字浮凸起来? 唯一的方法,就是训练注意。昔人常说,好打灯谜的人,无论看甚么书,看见的都是灯谜材料。会作诗词的人,无论打开甚么书,看见的都是文学句子。可见注意那一项，那一项便自然会浮凸出来。这种工作，起初做时是很难，往后就很容易。我自己就能办得到，无论读到甚么书，都可以得新注意。究竟怎样办到的？我自己亦不知道。大概由于练习。最初的方法，顶好是指定几个范围，或者作一篇文章，然后看书时，有关系的就注意，没有关系的就放过。过些日子，另换范围，另换题目，把注意力换到新的方面。照这样做得几日，就做熟了。熟了以后，不必十分用心，随手翻开，应该注意之点立刻就浮凸出来。读一书，专取一个注意点；读第二遍，另换一个注意点。这是最粗的方法，其实亦是最好的方法。几遍之后，就可以同时有几个注意点，而且毫不吃力。前面所述读书贵勤于抄录，如果看不出注意点，埋头瞎抄，那岂不是白抄了吗。一定要有所去取，去取之间，煞费功夫，非有特别训练不可。

(三)逐类搜求　甚么叫逐类搜求？就是因一种资料，追寻一种资料，跟踪搜索下去。在外国工具方便，辞典充备，求资料尚不太难；中国工具甚少，辞典亦不多，没有法子，只好因一件追一件。比如读《孟子》，读到"杨朱墨翟之言盈天下"之语，因有此语，于是去搜寻当时的书，看有甚么人在甚么地方说过这类的话。《韩非子·显学篇》说："世之显学，儒墨也。……墨之所至，墨翟也。……自墨子之死也，有相里氏之墨，有相夫氏之墨，有邓陵氏之墨。……墨离为三。"《荀子·非十二子篇》又说："不知壹天下建国家之权称，上功用，大俭约而僈差等，曾不足以容辨异，县君臣……是墨翟、宋钘也。"孙仲容因得这种资料，加以组织，作《墨学传授考》、《墨家诸子钩沉》等文，作得的确不错。为甚么能有那样著作？就是看见一句话,跟踪追去。这种工作,就叫做逐类搜求。或由简单事实,或由某书注解看见出于他书,因又追寻他书。诸君不要以为某人鸿博,某人特具天才;其实无论有多大天才,都不能全记;不过方法好,或由平时记录,或由跟踪追寻,即可以得许多好材料。

此外方法尚多,我们暂说三门以为示范的意思。工作虽然劳苦,兴味确是深长。要想替国家作好历史,非劳苦工作不可。此种工作,不单于现在有益,脑筋训练惯了,用在甚么地方都有益。诚然,中国史比西洋史难作;但西洋史或者因为太容易的原故,把治学能力减少了;好像常坐车的人,两腿不能走路一样。一种学问,往往因为现存材料很多,不费气力,减少学者能力。这类事实很多。所以我主张要趁年富力强,下几年苦工,现在有益,将来亦有益。读书有益,作事亦有益。

丙　史识

史识是讲历史家的观察力。做一个史家,须要何种观察力?这种观察力,如何养成? 观察要敏锐,即所谓“读书得间”。旁人所不能观察的,我可以观察得出来。凡科学上的重大发明,都由于善于观察。譬如苹果落地,是一件很普通的事情,牛顿善于观察,就发明万有引力。开水壶盖冲脱,是一件很普通的事情,瓦特善于观察,就发明蒸汽机关。无论对于何事何物,都要注意去观察,并且要继续不断的做细密功夫,去四面观察。在自然科学,求试验的结果;在历史方面,求关联的事实。但凡稍有帮助的资料,一点都不可放松。

观察的程序，可以分为两种：

（一）由全部到局部 何谓由全部到局部？历史是整个的，统一的。真是理想的历史，要把地球上全体人类的事迹连合起来，这才算得历史。既是整个的，统一的，所以各处的历史不过是此全部组织的一件机械。不能了解全部，就不能了解局部；不能了解世界，就不能了解中国。这回所讲专史，就是由全部中划出一部分来，或研究一个人，或研究一件事，总不外全部中的一部；虽然范围很窄，但是不要忘记了他是全部之一。比如我们研究戏曲史，算是艺术界文学界很小的一部分；但是要想对于戏曲史稍有发明，那就非有艺术文学的素养不可。因为戏曲不是单独发生，单独存在，而是与各方面都有关系。假使对于社会状况的变迁，其他文学的风尚，尚未了解，即不能批评戏曲。而且一方面研究中国戏曲，一方面要看外国戏曲，看他们各方所走的路，或者是相同的，或者是各走各的，或者是不谋而合，或者是互相感应。若不这样做，好的戏曲史便做不出来。不但戏曲史如此，无论研究任何专史，都要看他放在中国全部占何等位置，放在人类全部占何等位置。要具得有这种眼光，锐敏的观察才能自然发生。

（二）由局部到全部 何谓由局部到全部？历史不属于自然界，乃社会科学最重要之一，其研究法与自然科学研究法不同。历史为人类活动之主体，而人类的活动极其自由，没有动物植物那样呆板。我们栽树，树不能动；但是人类可以跑来走去。我们养鸡，鸡受支配；但是人类可以发生意想不到的行为。凡自然的东西，都可以用呆板的因果律去支配。历史由人类活动组织而成,因果律支配不来。有时逆料这个时代这个环境应该发生某种现象,但是因为特殊人物的发生,另自开辟一个新局面。凡自然界的现象,总是回头的,循环的;九月穿夹衣,十月换棉袍,我们可以断定。然而历史没有重复的时代,没有绝对相同的事实。因为人类自由意志的活动,可以发生非常现象。所谓由局部观察到全部,就是观察因为一个人的活动,如何前进,如何退化,可以使社会改观。一个人一群人特殊的动作,可以令全局受其影响,发生变化。单用由全部到局部的眼光,只能看回头的现象,循环的现象,不能看出自由意志的动作。对于一个人或一群人,看其动机所在,仔细观察,估量他对于全局的影响,非用由局部到全部的观察看不出来。

要养成历史家观察能力,两种方法应当并用。看一件事,把来源去脉都要考察清楚。来源由时势及环境造成,影响到局部的活动;去脉由一个人或一群人造成,影响到全局的活动。历史好像一条长练,环环相接,继续不断,坏了一环,便不能活动了。所以对于事实与事实的关系,要用细密锐敏的眼光去观察它。

养成正确精密的观察力,还有两件应当注意的事情:

(一)不要为因袭传统的思想所蔽　在历史方面,我们对于一个人或一件事的研究和批评,最易为前人记载或言论所束缚。因为历史是回头看的;前人所发表的一种意见,有很大的权威,压迫我们。我并不是说前人的话完全不对。但是我们应当知道,前人如果全对,便用不着我们多费手续了。至少要对前人有所补充,有所修正,才行。因此,我们对于前人的话,要是太相信了容易为所束缚。应当充分估量其价值,对则从之,不对则加以补充,或换一个方面去观察;遇有修正的必要的时候,无论是怎样有名的前人所讲,亦当加以修正。这件事情,已经很不容易。然以现代学风正往求新的路上走,办到这步尚不很难。

(二)不要为自己的成见所蔽 这件事情,那才真不容易。戴东原尝说:"不以人蔽己,不以己蔽己。"以人蔽己,尚易摆脱;自己成见,不愿抛弃,往往和事理差得很远,还不回头。大凡一个人立了一个假定,用归纳法研究,费很多的功夫,对于已成的工作,异常爱惜,后来再四观察,虽觉颇有错误,亦舍不得取消前说。用心在做学问的人,常感此种痛苦,但忠实的学者,对于此种痛苦只得忍受;发见自己有错误时,便应当一刀两断的,即刻割舍;万不可回护从前的工作,或隐藏事实,或修改事实,或假造事实,来迁就他回护从前的工作。这种毛病,愈好学,愈易犯。譬如朱、陆两家关于无极太极之辩,我个人是赞成陆象山的。朱晦翁实在是太有成见了,后来让陆象山驳得他无话可说。然终不肯抛弃自己主张。陆与朱的信,说他从前文章很流丽,这一次何其支离潦草,皆因回护前说所致。以朱晦翁的见解学问,尚且如此;可见得不以己蔽己不是一件容易事情了。我十几年前曾说过:"不惜以今日之我,与昨日之我挑战。"这固然可以说是我的一种弱点,但是我若认为做学问不应取此态度,亦不尽然。一个人除非学问完全成熟,然后发表,才可以没有修改纠正。但是身后发表,苦人所难。为现代文化尽力起见,尤不应如此。应当随时有所见到,随时发表出来,以求社会的批评,才对。真做学问的人,晚年与早年不同;从前错的,现在改了;从前没有,现在有了。一个人要是今我不同昨我宣战,那只算不长进。我到七十,还要与六十九挑战。我到八十,还要与七十九挑战。这样说法,似乎太过。最好对于从前过失,或者自觉,或由旁人指出,一点不爱惜,立刻改正。虽把十年的工作完全毁掉亦所不惜。

上面所说的这两种精神,无论做甚么学问,都应当有,尤其是研究历史,更当充实起来,要把自己的意见与前人的主张,平等的看待,超然的批评。某甲某乙不足,应当补充;某丙某丁错了,应当修改:真做学问贵能如此。不为因袭传统所蔽,不为自己成见所蔽,才能得到敏妙的观察,才能完成卓越的史识。

丁　史才

史才专门讲作史的技术,与前面所述三项另外又是一事,完全是技术的。有了史德,忠实的去寻找资料;有了史学,研究起来不大费力;有了史识,观察极其锐敏:但是仍然做不出精美的历史来。要做出的历史让人看了明了,读了感动,非有特别技术不可。此种技术,就是文章的构造。章实斋作《文史通义》,把文同史一块讲。论纯文学,章氏不成功;论美术文,章氏亦不成功;但是对于作史的技术,了解精透,运用圆熟,这又是章氏的特长了。

史才专讲史家的文章技术,可以分为二部:

子　组织

先讲组织。就是全部书或一篇文的结构。此事看时容易,做时困难。许多事实摆在面前,能文章的人可以拉得拢来,做成很好的史;文章技术差一点的人,就难组织得好,没有在文章上用过苦功的人,常时感觉困难。

组织是把许多材料整理包括起来,又分二事:

(一)剪裁 许多事实,不经剪裁,史料始终是史料,不能成为历史。譬如一包羊毛不能变成呢绒。必有所去,必有所取,梳罗抉剔,始成织物,搜集的工作,已经不容易,去取的工作,又更难了。司马光未作《资治通鉴》之前,先作长编。据说,他的底稿,堆满十九间屋。要是把十九间屋的底稿全体印出来,一定没有人看。如何由十九间屋的底稿做成长编,又由长编做成现在的《资治通鉴》,这里面剪裁就很多了。普通有一种毛病,就是多多的搜集资料,不肯割爱。但欲有好的著作,却非割爱不可。我们要去其渣滓,留其菁华。这件事体,非常常注意不可。至于如何剪裁的方法,不外多作,用不着详细解释。孰渣孰菁,何去何留,常常去作,可以体验得出来。

(二)排列 中看不中看,完全在排列的好坏。譬如天地玄黄四个字,王羲之是这样写,小孩子亦是这样写,但是王羲之写得好,小孩子写得坏,就是因为排列的关系。凡讲艺术,排列的关系却很大。一幅画,山水布置得宜,就很好看,一间屋,器具陈设得宜,亦很好看,先后详略,法门很多。这种地方,要特别注意。不然,虽有好材料,不能惹人注目。就有人看,或者看错了,或者看得昏昏欲睡。纵会搜集,也是枉然。至于如何排列的方法,一部分靠学力,一部分靠天才。良工能教人以规矩,不能使人巧。现在姑讲几种通用的方法，以为示例。

（1）即将前人记载，联络熔铸，套入自己的话里。章实斋说："文人之文，惟患其不己出；史家之文，惟患其己出。"史家所记载，总不能不凭藉前人的话。《史记》本诸《世本》、《战国策》、《楚汉春秋》，《汉书》本诸《史记》，何尝有一语自造？却又何尝有一篇非自造？有天才的人，最能把别人的话熔铸成自己的话，如李光弼入郭子仪军，队伍如故，而旌旗变色，此为最上乘之作。近代史家，尤其是乾、嘉中叶以后作史者，专讲究"无一字无来历"。阮芸台作《国史儒林传》，全是集前人成语，从头至尾，无一字出自杜撰。阮氏认为是最谨严的方法。他的《广东通志》、《浙江通志》，谢启昆的《广西通志》，都是用的此法。一个字，一句话，都有根据。这种办法，我们大家是赞成的，因为有上手可追问。但亦有短处，在太呆板。——因为有许多事情未经前人写在纸上，虽确知其实，亦无法采录，而且古人行为的臧否与批评，事实的连络与补充，皆感困难。——吾人可师其意，但不必如此谨严。大体固须有所根据，但亦未尝不可参入一己发见的史实。而且引用古书时，尽可依做文的顺序，任意连串，做成活泼飞动的文章。另外更用小字另行注明出处或说明其所以然，就好了。此法虽然好，但亦是很难。我尚未用，因为我懒在文章上作功夫。将来打算这样作一篇，以为模范。把头绪脉络理清，将前人的话藏在其中，要看不出缝隙来。希望同学亦如此作去。

（2）用纲目体，最为省事。此种体裁，以钱文子的《补汉书兵志》为最先（在《知不足斋丛书》内）。顶格一语是正文，是断案，不过四五百字。下加注语，为自己所根据的史料，较正文为多。此种方法，近代很通行。如王静安先生的《胡服考》、《两汉博士考》，皆是如此。我去年所作的《中国文化史》亦是如此。此法很容易，很自由，提纲处写断案，低一格作注解。在文章上不必多下功夫，实为简单省事的方法。做得好，可以把自己研究的结果，畅所欲言，比前法方便多了。虽文章之美，不如前法，而伸缩自如，改动较易，又为前法所不及。

(3)多想方法，把正文变为图表。对于作图表的技术，要格外训练。太史公作《史记》，常用表，"旁行斜上，本于《周谱》"，然仍可谓为太史公所发明。《三代世表》、《十二诸侯年表》、《六国表》、《秦楚之际月表》、《功臣侯者表》、《百官公卿表》，格式各各不同。因有此体，遂开许多法门。若无此体，就不能网罗这样许多复杂的材料同事实。欧美人对于此道，尤具特长。有许多很好很有用的表，我们可以仿造。但造表可真是不容易，异样的材料便须异样的图表才能安插。我去年尝作《先秦学术年表》一篇，屡次易稿，费十余日之精力，始得完成。耗时用力，可谓甚大。然因此范繁赜的史事为整饬，化乱芜的文章为简洁，且使读者一目了然，为功亦殊不小。所以这种造表的技术，应该特别训练。

丑　文采

次讲文采。就是写人写事所用的字句词章。同是记一个人，叙一件事，文采好的，写得栩栩欲活；文采不好的，写得呆鸡木立。这不在对象的难易，而在作者的优劣。没有文章素养的人，实在把事情写不好，写不活。要想写活写好，只有常常模仿，常常练习。

文采的要素很多,专择最要的两件说说:

(一)简洁　简洁就是讲剪裁的功夫,前面已经讲了。大凡文章以说话少,含意多为最妙。文章的厚薄,即由此分。意思少,文章长,为薄。篇无剩句,句无剩字,为厚。比如饮龙井茶,茶少水多为薄,叶水相称为厚。不为文章之美,多言无害。若为文章之美,不要多说,只要能把意思表明就得。做过一篇文章之后,要看可删的有多少,该删的便删去。我不主张文章作得古奥,总要词达。所谓"词达而已矣",达之外不再加多,不再求深。我生平说话不行而文章技术比说话强得多。我所要求的,是章无剩句,句无剩字。这件事很重要。至于如何才能做到,只有常作。

(二)飞动　为甚么要作文章?为的是作给人看。尤其是历史的文章,为的是作给人看。若不能感动人,其价值就减少了。作文章,一面要谨严,一面要加电力。好像电影一样活动自然,如果电力不足,那就死在布上了。事本飞动,而文章呆板,人将不愿看,就看亦昏昏欲睡。事本呆板,而文章生动,便字字都活跃纸上,使看的人要哭便哭,要笑便笑。如像唱戏的人,唱到深刻时,可以使人感动。假使想开玩笑,而板起面孔,便觉得毫无趣味了。不能使人感动,算不得好文章。旁的文章,如自然科学之类,尚可不必注意到这点。历史家如无此种技术,那就不行了。司马光作《资治通鉴》,毕沅作《续资治通鉴》,同是一般体裁。前者看去,百读不厌;后者读一二次,就不愿再读了。光书笔最飞动,如赤壁之战,淝水之战,刘裕在京口起事,平姚秦,北齐、北周沙苑之战,魏孝文帝迁都洛阳,事实不过尔尔,而看去令人感动。此种技术,非练习不可。

如何可以养成史才？前人说，多读，多作，多改。今易一字，为"多读，少作，多改"。多读：读前人文章，看他如何作法。遇有好的资料可以自己试作，与他比较；精妙处不妨高声朗诵：读文章有时非摇头摆尾，领悟不来。少作：作时谨慎，真是用心去作，有一篇算一篇，无须多贪作；笔记则不厌其多，天天作都好；作文章时，几个月作一次，亦不算少；要谨慎，要郑重，要多改，要翻来覆去的看；从组织起，到文采止，有不满意处，就改；或剪裁，或补充；同一种资料，须用种种方法去作；每作一篇之后，摆在面前细看：常看旁人的，常改自己的；一篇文不妨改多少回，十年之后还可再改。这种工夫很笨。然天下至巧之事，一定从至笨来。古人文章做得好，也曾经过几许甘苦。比如梅兰芳唱戏唱得好，他不是几天之内成功的，从前有许多笨工作，现在仍继续不断的有许多笨工作，凡事都是如此。

第三章　五种专史概论

五种专史，前文已经提到过。第一，人的专史；第二，事的专史；第三，文物的专史；第四，地方的专史；第五，时代的专史。本章既然叫着概论，不过提纲挈领的说一个大概；其详细情形，留到分论再讲。

甲　人的专史

自从太史公作《史记》，以本纪列传为主要部分，差不多占全书十分之七，而本纪列传又以人为主。以后二千余年,历代所谓正史,皆蹑其例。老实讲起来,正史就是以人为主的历史。

专以人为主的历史,用最新的史学眼光去观察他,自然缺点甚多,几乎变成专门表彰一个人的工具。许多人以为中国史的最大缺点,就在此处。这句话,我们可以相当的承认:因为偏于个人的历史,精神多注重彰善惩恶,差不多变成为修身教科书,失了历史性质了。但是近人以为人的历史毫无益处,那又未免太过。历史与旁的科学不同,是专门记载人类的活动的。一个人或一群人的伟大活动可以使历史起很大变化。若把几千年来,中外历史上活动力最强的人抽去,历史倒底还是这样与否,恐怕生问题了。譬如欧洲大战,若无威廉第二、威尔逊、路易乔治、克里孟梭几个人,历史当然会另变一个样子。欧洲大战或者打不成,就打成也不是那样结果。又如近三十年来的中国历史,若把西太后、袁世凯、孙文、吴佩孚……等人——甚至于连我梁启超——没有了去,或把这几个人抽出来,现代的中国是个甚么样子,谁也不能预料。但无论如何,和现在的状况一定不同。这就可见个人与历史的关系和人的历史不可轻视了。

一个人的性格、兴趣及其作事的步骤,皆与全部历史有关。太史公作《史记》,最看重这点。后来的正史,立传猥杂而繁多,几成为家谱、墓志铭的丛编,所以受人诟病。其实《史记》并不如此,《史记》每一篇列传,必代表某一方面的重要人物。如《孔子世家》、《孟荀列传》、《仲尼弟子列传》代表学术思想界最要的人物,《苏秦、张仪列传》代表造成战国局面的游说之士,《田单、乐毅列传》代表有名将帅，四公子《平原、孟尝、信陵、春申列传》代表那时新贵族的势力，《货殖列传》代表当时经济变化，《游侠列传》、《刺客列传》代表当时社会上一种特殊风尚。每篇都有深意，大都从全社会着眼，用人物来做一种现象的反影，并不是专替一个人作起居注。

在现代欧美史学界，历史与传记分科；所有好的历史，都是把人的动作藏在事里头；书中为一人作专传的很少。但是传记体仍不失为历史中很重要的部分，一人的专传，如《林肯传》、《格兰斯顿传》，文章都很美丽，读起来异常动人。多人的列传，如布达鲁奇的《英雄传》，专门记载希腊的伟人豪杰，在欧洲史上有不朽的价值。所以传记体以人为主，不特中国很重视，各国亦不看轻。因此，我们作专史，尽可以个人为对象，考察某一个人在历史上有何等关系。凡真能创造历史的人，就要仔细研究他，替他作很详尽的传。而且不但要留心他的大事，即小事亦当注意。大事看环境，社会，风俗，时代；小事看性格，家世，地方，嗜好，平常的言语行动，乃至小端末节，概不放松。最要紧的是看历史人物为甚么有那种力量。

每一时代中须寻出代表的人物，把种种有关的事变都归纳到他身上。一方面看时势及环境如何影响到他的行为，一方面看他的行为又如何使时势及环境变化。在政治上有大影响的人如此，在学术界开新发明的人亦然。先于各种学术中求出代表的人物，然后以人为中心，把这个学问的过去、未来及当时工作都归纳到本人身上。这种作法，有两种好处：第一，可以拿着历史主眼。历史不外若干伟大人物集合而成。以人作标准，可以把所有的要点看得清清楚楚。第二，可以培养自己的人格。知道过去能造历史的

人物，素养如何，可以随他学去，使志气日益提高。所谓"奋乎百世
之上，百世之下，闻者莫不兴起也"。

乙　事的专史

历史的事实，若泛泛看去，觉得很散漫，一件件的摆着，没有甚
么关系，但眼光锐敏的历史家，把历史过去的事实看成为史迹的集
团，彼此便互相联络了。好像天上的星辰，我们看去是分散的；天
文家看去，可以分出十二宫。无论何种事物，必把破碎的当作集
团，才有着眼的地方。研究历史，必把一件件的史迹看为集团，才
有下手的地方。把史迹看作集团研究，就是纪事本末体。现代欧
美史家，大体工作，全都在此。纪事本末体是历史的正宗方法。不
过中国从前的纪事本末，从袁枢起，直到现在，我都嫌他们对于集
团的分合未能十分圆满。即如《通鉴纪事本末》把《资治通鉴》所有
事实，由编年体改为纪事本末体，中间就有些地方分得太琐碎，有
些地方不免遗漏。也因为《资治通鉴》本身偏于中央政治，地方政
治异常简略，政治以外的事实更不用提。所以过去的纪事本末体，
其共同的毛病，就是范围太窄。我们所希望的纪事本末体，要从新
把每朝种种事实作为集团，搜集资料，研究清楚。大集团固然要研
究，再分小点，亦可以研究。凡集团事迹于一时代有重大影响的，
须特别加以注意。

比如晚明时代的东林、复社，他们的举动，可以作为一个集团
来研究，把明朝许多事实都归纳到里边，一方面可以看，类似政治

团体的活动，以学术团体兼为政治团体，实由东林起，至复社而色彩愈显。这是中国史上一大事实，很值得研究。研究东林、复社始末，方面很多。本来是学术机关，为甚么又有团体的政治运动？一方面可以看出学术的渊源及学风的趋势。另一方面，可以看在野的智识阶级的主张。每逢政治腐败的时候，许多在野学者，本打算闭户读书；然而时势所迫，又不能不出头说话：这种情形，全由政治酝酿而成。非全部异常明了，一部很难了解。至于复社，本来是一个团体的别名，同时的其他团体尚多，不过以复社为领袖，成为一个联合会社的性质。我们研究创社人的姓名，及各社员的籍贯，或作小传，或作统计，可以看出复社的势力在于何部，明亡以后，复社的活动于当时政治有何影响，满洲入关，复社人物采取若何态度。从这些地方着手，明末清初的情形可以了如指掌了。

又如清世宗（雍正）的篡位前后情形，可以作为一个集团来研究。把那时候许多事实都归纳到里边。这件事情，比较复社始末，材料难找得多。因事涉宫闱，外人很难知道。但是这件事情，关系很大，是清史主要的部分。假使没有雍正，就不会有乾隆，道、咸、光、宣更不用说了。内容真相若何，牵涉的方面很多。有关于外国的，如喇嘛教与天主教争权，因为世宗成了功，后来喇嘛教得势，天主教衰落。有关于学术的，如西洋科学之输入，因天主教被排斥，亦连带的大受影响，几乎中绝。有关于藩属的，如清代之羁縻蒙古、西藏，亦以喇嘛教为媒介；即经营青海，还是要借重他。这种事情，蒙古、西藏文中稍微有点资料，可以明了一部份；中国文字资料就少。即如年羹尧的事迹，当然和清史很有关系，我们看《东华录》及《雍正上谕》的记载，极其含糊，得不着一个明了的概念。若把所有资料完全搜出，可以牵连清朝全部历史的关系。所以研究历史的人，应当挑出一极大之事，作为集团，把旁的事实，都归纳到里面，再看他们的关系影响。研究一个集团，就专心把这个集团弄明白了。能得若干人分头作去，把所有事的集团都弄清楚，那末全部历史的主要脉络就可一目了然了。

丙　文物的专史

最古的文物史，要算《史记》的八书。《史记》于本纪列传之外，另作《礼》、《乐》、《律》、《历》、《天官》、《封禅》、《河渠》、《平准》等书。后来班固作《汉书》，改称为志，不以人为主，而以某制度或某事物为主。凡所叙述，皆当代的文物典章。自太史公创此例后，后代历史，除小者外，如二十四史，皆同此例。而杜佑所作《通典》，纯以制度为主，上起三代，下至隋唐，一一加以考核。马端临仿其体裁作《文献通考》，范围更大，蕴义更博。《通典》所述，限于一代朝制；《通考》所述，则于朝制之外，兼及社会状况。此种著作，中国从前颇为发达，就是我们所说的文物的历史。《通典》、《通考》可谓各种制度的总史，不是各种制度的专史。在杜佑、马端临那个时候，有《通典》、《通考》一类著作，便已满足了。此刻学问分科，日趋精密，我们却要分别部居，一门一门的作去。一个人要作经济史，同时又要作学术史、目录学，一定做不出有价值的著述来。要作经济史，顶好就专门研究经济。要作学术史，顶好就专门研究学术。要治目录学，顶好就研究《艺文志》、《经籍志》等。不惟分大类而已，还要分小类。即如研究经济史，可以看历代食货志。食货中包含财政及经济两大部分，财政经济又各有若干的细目。我们不妨各摘其一项，分担研究，愈分得细愈好。既分担这一项，便须上下千古，贯彻融通。例如专研究食货中的财政的，在财政中又专研究租税，在租税中又专研究关税；那末中国外国及关于关税的资料都要把他搜集起来，看关税如何起源，如何变迁，如何发展，关税不平等的原因事实影响如何，乃至现在的关税会议如何召集，如何进行，关税自主的要求如何运动，一一记载，解释明白。这种的工作，比泛泛然作《通典》、《通考》要切实得多，有意思得多，有价值得多。因为整部的文物，很笼统，很含混，无从下手，亦不容易研究明白。所以我主张一部分一部分的研究；先分一个大纲，如经济、文艺、学术、民族、宗教……等，一二十条；再于每条之下，分为若干类，如经济之分为财政、租税，文艺之分为文学、美术，学术之分为经、史，民族之分为原始、迁徙、同化，宗教之分为道、佛等。择其最熟悉、最相近者，一个时候作一类，或者一个人作一类。久而久之，集少成多，全部文物不难完全畅晓了。

丁　地方的专史

地方的专史就是方志的变相。最古的方志要算《华阳国志》了。以后方志愈演愈多，省有省志，县有县志。近代大史家章实斋把方志看得极重；他的著作，研究正史的与研究方志的各得其半。

方志,从前人不认为史;自经章氏提倡后,地位才逐渐增高。治中国史,分地研究,极为重要。因为版图太大,各地的发展,前后相差悬殊。前人作史,专以中央政府为中心,只有几个分裂时代以各国政府所在地为中心,但中心地亦不过几个——三国有三个,十六国有十六个,究未能平均分配。研究中国史,实际上不应如此。普通所谓某个时代到某个程度,乃指都会言之;全国十之七八全不是那样一回事。我们试看分述研究的必要。比如一向称为本部十八省的云南,在三国以前,与中国完全无关;自诸葛渡泸以后,这才发生交涉。然而云南向来的发展,仍不与全部历史的发展相同。唐时的南诏,宋时的大理,都是半独立的国家。清初吴三桂据云南,亦取半独立的态度。三藩之乱既平,设置巡抚,始与本部关系较密。然民国十五年来,云南直接受中央辖制者不过二三年,其余诸年仍然各自为政。自古及今,云南自身如何发展;中原发达的时候,云南又受何等影响,有何种变化:这都是应当划分出来,单独研究的事情。又如广东,是次偏的省分,其文化的发达,亦不与中原同。自明以前,广东的人物及事实,不能影响到中原的历史,亦于中原的历史上没有相当的地位。再如安南、朝鲜,现在不属中国,然与中国历史关系很深。安南作中国郡县较广东为早,在黎氏、莫氏独立尚未终了时,欧人东来,遂被割去。若云南当南诏、大理或吴三桂独立未终时,外人适来,恐亦将被割去啊。所以我们对于安南、朝鲜这一类地方,也应当特别研究,不能因为现在已经失掉而置之不理。上面所说的,还是边远省分。说近一点,如中原几省,最初居住的是什么人?河南、山东如何变成为中华民族的中心?后经匈奴、东胡民族的蹂躏，又起了多大变化？这些都是应当特别研究的事情。如欲彻底的了解全国，非一地一地分开来研究不可。普通说中国如何如何，不过政治中心的状况，不是全国一致的状况。所以有作分地的专史之必要。广博点分，可以分为几大区；每区之中，看他发达的次第。精细点分，可以分省分县分都市；每县每市，看他进展的情形。破下工夫，仔细研究，各人把乡土的历史风俗事故人情考察明白。用力甚小，而成效极大。

戊　断代的专史

在整部历史中，可以划分为若干时代，如两汉、六朝、隋、唐、宋、元、明、清；每一个时代中，可以又划分为若干部分，如人的、事的、文物的、地方的。含着若干部分，成为一个时代；含着若干时代，成为一部总史。总史横集前述四种材料，纵集上下几千年的时间。因为总史不易研究，才分为若干时代，时代的专史就是从前所谓断代为史，起自班固，后世因之，少所更改。不过旧时的断代，以一姓兴亡作标准，殊不合宜。历史含继续性，本不可分。为研究便利起见，挑出几样重大的变迁，作为根据，勉强分期，尚还可以。若不根据重大变迁，而根据一姓兴亡，那便毫无意义了。皇帝尽管常换，而社会变迁甚微，虽属几代，仍当合为一个时期。皇帝尽管不换，而社会变迁极烈，虽属一代，仍当分为几个时期。比如南北朝，总共不过百六十七年，而南朝有宋、齐、梁、陈四代，北朝有北魏、北齐、北周三代。若以一姓兴亡分，应当分为四个或三个时期了。然此百六十七年间,社会上实无多大变化,所以我们仍当作为一个时期研究。其次述五代,五代不过五十二年,有梁、唐、晋、汉、周五个朝代。若以一姓兴亡分,应当分为五个时期;然此五十二年间,社会上亦没有多大变化,所以我们应当作为一个时期研究。上面是说皇帝换姓而社会不变的,虽然是分,应当合拢来研究。又有皇帝姓氏不换而社会变迁剧烈的,虽然是合,应当分开来研究。比如有清一代,道、咸而后,思想、学术、政治、外交、经济、生活,无一不变。不特是清代历史的大变迁,并且是全部历史的大变迁。我们尽可以把道、咸以前,划分为一个时期。道、咸以后,另划为一个时期。不必拘于成例,以一姓兴亡作为标准,笼统含糊下去。果尔,一定有许多不便利的地方。历史是不可分的,分期是勉强的。一方面不当太呆板,以一姓兴亡作根据,像从前一样;换一方面,又不当太笼统,粗枝大叶的,分上古、中古、近世三个时期。比较妥当一点的,还是划春秋为一个时期,战国为一个时期,两汉为一个时期(或分或合均可),三国、两晋、南北朝为一个时期,隋、唐为一个时期,宋、辽、金、元、明为一个时期,清分为两个时期。这种分法,全以社会变迁作标准。在一个时期当中,可以看出思想、学术、政治、经济改换的大势,比较容易下手,材料亦易搜集。不管时期的长短,横的方面,各种事实要把它弄清楚。时代的专史,为全通史的模型。专史做得好,通史就做得好。此种专史,亦可分每人担任一项,分别做去。

　　以上讲五种专史的概说,以下就要讲五种专史如何做法。按照现在这个次序,一种一种的讲去。同学中有兴趣的,或者有志作史家的,于五种之中,认定一项,自己搜集,自己研究,自己著述,试试看。果能聚得三五十个同志,埋头用功,只须十年功夫,可以把一部顶好的中国全史做出来。人数多,固然好;若不然,能得一半的同志,甚至于十个同志,亦可以把整部历史完全做出。我担任这门功课,就有这种野心。但是能否成功,那就看大家的努力如何了。

分论一　人的专史

第一章 人的专史总说

人的专史,是专以人物作本位所编的专史,大概可分为五种形式:

(一)列传

(二)年谱

(三)专传

(四)合传

(五)人表

(一)列传 列传这个名称,系由正史中采用下来。凡是一部正史,将每时代著名人物罗列许多人,每人给他作一篇传。所以叫做列传。列传的主要目的虽在记叙本人一生的事迹，但是国家大事，政治状况，社会情形，学术思想，大部分都包括在里边。列传与专传不同之点：专传以一部书记载一个人的事迹；列传以一部书记载许多人的事迹。专传一篇即是全书；列传一篇不过全书中很小的一部分。列传的体裁与名称，是沿用太史公以来成例，在旧史中极普通，极发达。列传著法，具详二十四史，各种体裁，应有尽有。至于其中有些特别技术的应用，下文再讲。

（二）年谱　这种著作，比较的起得很晚，大致在唐代末年始见发达。现在传下来的年谱，以韩愈、柳宗元二人的年谱为最古。年谱与列传不同之点：列传叙述一生事迹，可以不依发生的前后，但顺着行文之便，或著者注重之点，提上按下，排列自由；年谱叙述一生事迹，完全依照发生前后，一年一年的写下去，不可有丝毫的改动。章实斋说："年谱者，一人之史也。"年谱所述，不外一个人历史的经过。这种体裁，其好处在将生平行事，首尾毕见，巨细无遗。比如一个政治家的年谱，记载他小时如何，壮年如何，环境如何，功业如何，按年先后，据事直书。一个学者的年谱，记载某年读甚么书，某年作甚么文，某年从甚么师，某年交甚么友，思想变迁，全可考见。一个发明家的年谱，记载他们如何研究，如何改良，如何萌芽，如何成熟，事功原委，一目了然。无论记载事业的成功，思想的改变，器物的发明，都要用年谱体裁，才能详细明白。所以年谱在人的专史中，位置极为重要。

（三）专传　专传亦可以叫做专篇，这个名词是我杜撰的，尚嫌他不大妥当;因为没有好名词,不妨暂时应用。我所谓专传,与列传不同。列传分列在一部史中;专传独立成为专书。《隋书·经籍志》杂传一门,著录二百余部,其中属于一人的专传,如《曹参传》一卷,《东方朔传》八卷,《毌丘俭记》三卷之类,亦不下十余种,可惜都不传了。现在留传下来的,要算慧立所著《慈恩三藏法师传》(即玄奘传)为最古,全书有十卷之多。不过我所谓专传,与从前的专传,尚微有不同。《隋志》诸传已经亡失,其体裁如何,今难确指。专就现存的《三藏传》而论,虽然很详博,但仍只能认为粗制品的史料,不能认为组织完善的专书。大概从前的专传,不过一篇长的行状。——近人著行状,长至一二万字的,往往有之。——只能供作列传的取材,不能算理想的专传。我的理想专传,是以一个伟大人物对于时代有特殊关系者为中心,将周围关系事实归纳其中;横的竖的,网罗无遗。比如替一个大文学家作专传,可以把当时及前后的文学潮流分别说明。此种专传,其对象虽止一人,而目的不在一人。择出一时代的代表人物,或一种学问一种艺术的代表人物,为行文方便起见,用作中心。此种专传,从前很少。新近有这种专传出现,大致是受外国传记的影响,可惜有精采的作品还不多。列传在历史中虽不能说全以人物为主,但有关系的事实很难全纳在列传中。即如做《诸葛亮专传》与做《诸葛亮列传》便不同。做列传就得把与旁人有关系的事实分割在旁人的传中讲,所以《鲁肃传》、《刘表传》、《刘璋传》、《曹操传》、《张飞传》都有诸葛亮的事,不能把所有关系的事都放在《诸葛亮列传》中。若做专传,那是完全另是一回事;凡有直接关系的,都以诸葛亮为中心,全数搜集齐来;甚至有间接关系的,如曹操、刘备、吕布的行为举止,都要讲清楚;然后诸葛亮的一生才能完全明白。做专传又与做年谱不同。年谱很呆板:一人的事迹全以发生的先后为叙,不能提前抑后;许多批评的议论,亦难插入;一件事直接或间接的关系,更不能尽量纳在年谱中。若做专传,不必依年代的先后,可全以轻重为标准,改换异常自由;内容所包,亦比年谱丰富;无论直接间接,无论议论叙事,都可网罗无剩。我们可以说,人的专史以专传为最重要。

(四)合传　合传这种体裁,创自太史公。太史公的合传,共有三种:

(1)两人以上,平等叙列。如《管晏列传》、《屈贾列传》,无所谓轻重,亦无所谓主从。

(2)一人为主,旁人附录。如《孟荀列传》,标题为孟子、荀卿,而内容所讲的有三驺子、田骈、慎到、环渊、接子、墨子、淳于髡、公孙龙、剧子、李悝、尸子、长卢、吁子等一二十人,各人详略不同。此种专以一二人较伟大的人物为主,此外都是附录。

(3)许多人平列,无主无从。如《仲尼弟子列传》,七十余人,差不多都有叙述。如《儒林列传》,西汉传经的人,亦差不多都有叙述。

在《史记》中,合传的体裁,有上列三种。后代的正史,合传体裁,更为复杂。如《汉书·楚元王传》有两卷之多,楚元王交的传何以会有那样长? 因为刘向、刘歆都是楚元王几代的子孙,本身的事情虽少,刘向、刘歆的事情就很多。这种体裁,后来《南、北史》运用得极广。因为南北朝最讲门第,即如江右王、谢,历朝皆握政权,皇帝尽管掉换而世家绵延不绝;诸王诸谢,父子祖孙,合为一传,变成家谱的性质,一家一族的历史可以由其中看出。此种合传的方法,为著历史的开了许多方便。许多人附见在一个人传中,因一个重要的而其余次要的都可记载下去。如《孟荀列传》若不载许多人,那我们顶多只知道孟、荀,至于邹衍的终始五德之说,我们就不晓得了。合传体裁的长处,就是能够包括许多够不上作专传而有相当的贡献,可以附见于合传中的人。其作用不单为人,而且可以看当时状况。如《孟荀列传》就可以看出,战国时学术思想的复杂情形。此种体裁,章实斋最恭维。可合的人,就把他们合在一起。章氏并主张另用一种"人名别录"。他所著《湖北通志》屡用此法。叙某一件重要事情,把有关系的人通作一个别录。比如《嘉定守城传》,把守城时何人任何职分,阵亡的多少,立功的多少,通统列在别录上。这种可为合传体运用得最广最大的一个例子。又如《复社名士传》,先讲复社的来源,次讲如何始入湖北,又次调查湖北人列名复社者多少,以县分之,最后又考明亡以后,殉难者多少,当遗老者多少,出仕清朝者多少。这种亦可为合传体运用得最广最大的一个例子。人物专史应当常用这种体裁。

（五）人表　人表的体裁,始创于《汉书·古今人表》;他把古今人物分为九等,即上上,中上,下上,上中,中中,下中,上下,中下,下下;所分的人并不是汉人,乃汉以前的人,与全书体例不合。这九等的分法,无其标准,好像学校中考试的成绩表一样无聊。后来史家非难的很多,章实斋则特别的恭维,以为篇幅极少而应具应见的人皆可详列无遗。我们看来,单研究汉朝的事迹,此表固无用处;但若援引其例,作为种种人表,就方便得多。后来《唐书·方镇表》、《宰相世系表》,其做法亦很无聊。攻击的人亦极多,一般读《唐书》的人看表看得头痛。但是某人某事,旁的地方看不见的,可在《方镇、世系表》中查出,我们认为是很大的宝贝。章实斋主张扩充《汉书·古今人表》、《唐书·宰相世系表》的用意,作为种种表;凡人名够不上见于列传的,可用表的形式列出。"人名别录"亦即可为其中的一种。章氏所著几部志书,人表的运用都很广。所以人的专史,人表一体,亦很重要。即如讲复社始末,材料虽多,用表的方法还少有人做过。若有《复社人名表》,则于历史研究上,方便了许多。又如讲晚明流寇,材料亦不少,若有一张《流寇人名表》,把所有流寇姓名,扰乱所及的地方,被剿灭的次第……等等,全用表格列出,岂不大省事而极明白吗? 又如将各史儒林传,改成《儒林人名表》,或以所治之经分列,或以传授系统分列,便可以用较少的篇幅记载较多之事实。又如唐代藩镇之分合兴亡,纷乱复杂,读史虽极勤苦,了解不易。若制成简明的人表,便一目了然。诸如此类,应用可以甚广。

第二章　人的专史的对相

　　所谓人的专史的对相，就是讲那类的人我们应该
为他作专史。当然，人物要伟大，作起来才有精采，所
以伟大人物是作专史的主要对相，但所谓伟大者，不
单指人格的伟大，连关系的伟大，也包在里头。例如
袁世凯、西太后人格虽无可取，但不能不算是有做专
史价值的一个人物。有许多伟大人物可以做某个时
代的政治中心，有许多伟大人物可以作某种学问的思
想中心，这类人最宜于做大规模的专传或年谱，把那
个时代或那种学术都归纳到他们身上来讲。五种人

的专史中,人表的对相不成问题,可以随便点;其余四种,都最重要。大概说来,应该作专传或补作列传的人物,约有七种:

(一)思想及行为的关系方面很多,可以作时代或学问中心的,我们应该为他们作专传。有些人,伟大尽管伟大,不过关系方面太少,不能作时代或学问的中心,若替他作专传就很难作好。譬如文学家的李白、杜甫都很伟大;把杜甫作中心,将唐玄宗、肃宗时代的事实归纳到他身上,这样的传,可以作得精采;若把李白作为中心,要作几万字的长传,要包涵许多事实,就很困难。论作品是一回事,论影响又是一回事,杜诗时代关系多,李诗时代关系少。叙述天宝乱离的情形,在杜传中是正当的背景,在李传中则成为多余的废话。两人在诗界,地位相等,而影响大小不同。杜诗有途径可循,后来学杜的人多,由学杜而分出来的派别亦多。李诗不可捉摸,学李的人少,由学李而分出来的派别更少。所以李白的影响浅,杜甫的影响深。二人同为伟大,而作传方法不同。为李白作列传,已经不易;为李白作年谱或专传,更不可能。反之,为杜甫作年谱,作专传,材料比较丰富多了。所以作专传,一面要找伟大人物;一面在伟大人物中,还要看他的性质关系如何,来决定我们做传的方法。

(二)一件事情或一生性格有奇特处,可以影响当时与后来,或影响不大而值得表彰的,我们应该为他们作专传。譬如《史记》有《鲁仲连传》,不过因为鲁仲连曾解邯郸之围。诚然,以当时时局而论,鲁仲连义不帝秦,解围救赵,不为无关;但是还没有多大重要。太史公所以为他作传,放在将相文士之间,完全因他的性格俊拔,独往独来,谈笑却秦军,功成不受赏。像这样特别的性格,特别的行为,很可以令人佩服感动。又如《后汉书》有《臧洪传》,不过因为他能为故友死义。洪与张超但属戚友,初非君臣。张超为曹操所灭,洪怨袁绍坐视不救,拥兵抗绍,为绍所杀。袁绍、张超、臧洪在历史上俱无重大关系,不过臧洪感恩知己,以身殉难,那种慷慨凛冽的性格,确是有可以令人佩服的地方。再如《汉书·杨王孙传》,不记杨王孙旁的事情,专记他临死的时候,主张裸葬:衣衾棺椁,一概不要,还说了许多理由;后来他的儿子觉得父命难从,却拗不过亲友的督责,只得勉强遵办。他的思想,虽没有墨子那样大,然比墨子还走极端,连桐棺三寸都不要,不管旁人听否,自己首先实行,很可以表示特别思想,特别性格。几部有名的史书,对于这类特别人,大都非常注意。我们作史,亦应如此。伟大人物之中,加几个特别人物,好像燕窝鱼翅的酒席,须得有些小菜点缀才行。

(三)在旧史中没有记载,或有记载而太过简略的,我们应当为他作专传。这种人,伟大的亦有,不伟大的亦有。伟大的,旁人知道他,正史上亦曾提到过,但不详细,我们应当为他作传。譬如墨翟是伟大人物,《史记》中没有他的列传,仅附见于《孟荀列传》,不过二十几个字。近人孙仲容根据《墨子》本书及其他先秦古籍,作《墨子列传》及《年表》。这就是一个很好的例。又如荀子是伟大人物,虽有《孟荀列传》,但是太过简略。清人汪中替他作《荀子年表》,胡元仪作《荀卿子列传》。这亦是很好一个例。皆因从前没有列传,后人为他补充;或者从前的传太简略,后人为他改作。这类应该补作或改作之传,以思想家、文学家等为最多。例如王充、刘知几、郑樵……等,在他们现存的著作中,便有很丰富的资料,足供我们作成极体面的专传。另有许多人,虽没有甚么特别伟大,但事迹隐没太甚,不曾有人注意,也该专为他作传表彰。例如唐末守瓜州的义潮,赖有近人罗振玉替他作一篇传,我们才知道有这么一位义士名将。又如作《儒林外史》的吴敬梓,前人根本不承认这本书有价值,书的作者更不用说了。近人胡适之才替他作一篇传出来,我们才认识这个人的文学地位。这些都是很好的例。总之,许多有相当身分的人,不管他著名不著名,不管正史上没有传或有传而太过简略,我们都应该整篇的补充,或一部分的改作。

(四)从前史家有时因为偏见,或者因为挟嫌,对于一个人的记载,完全不是事实。我们对于此种被诬的人,应该用辩护的性质,替他重新作传。历史上这类人物很多,粗略说起来,可以分下列三种:

(1)完全挟嫌,造事诬蔑。这类事实,史上很多。应该设法辩护。譬如作《后汉书》的范晔,以叛逆罪见杀;在《宋书》及《南史》上的《范晔本传》中,句句都是构成他的真罪状,后人读起来,都觉得晔有应死之罪,虽然作得这么好的一部《后汉书》,可惜文人无行了。这种感想,千余年来深入人心。直到近代陈澧(兰甫)在他的《东塾集》里面作了一篇《申范》,大家才知完全没有这回事。当时造此冤狱,不过由几位小人构煽;而后此含冤莫雪,则由沈约一流的史家挟嫌争名,故为曲笔。陈兰甫替他作律师,即在本传中,将前后矛盾的语言,及各方可靠的证据,一一陈列起来,证明他绝无谋反之事。读了这篇之后,才知道不特范晔的著作令人十分赞美,就是范晔的人格也足令人十分钦佩。又如宋代第一个女文学家,填词最有名的李清照(易安),在中国史上,找这样的女文学家,真不易得。她填词的艺术,可以说压倒一切男子。就让一步讲,亦在当时词家中算前几名。她本来始终是《金石录》的作者赵明诚的夫人,并未改嫁。但因《云麓漫钞》载其《谢綦崇礼启》,滥采伪文,说她改嫁张汝舟,与张汝舟不和,打官司,有"猥以桑榆之末影,配兹驵侩之下才"等语,宋代笔记遂纷纷记载此事。后人对于李易安,虽然很称赞她的词章,但瞧不起她的品格。到近代俞正燮在他的《癸巳类稿》中有一篇《易安居士事辑》,将她所有的著作,皆按年月列出,证明她绝无改嫁之事,又搜罗各方证据,指出改嫁谣言的来历。我们读了这篇以后,才知道不特易安的词章优美,就是她的品节,亦没有可訾的地方。这类著述,主要工作全在辨别史料之真伪,而加以精确的判断。陈、俞二氏所著,便是极好模范。历史上人物,应该替他们做《洗冤录》的,实在不少。我们都可以用这种方法做去。

(2)前代史家,或不认识他的价值,或把他的动机看错了,因此所记的事迹,便有偏颇,不能得其真相。这类事实,史上亦很多。应该替他改正。譬如提倡新法的王安石,明朝以前的人都把他认为极恶大罪,几欲放在奸臣传内,与蔡京、童贯同列。《宋史》本传虽没有编入奸臣一类,但是天下之恶皆归,把金人破宋的罪名亦放在安石头上。这不是托克托有意诬蔑他,乃是托克托修《宋史》的时候,不满意安石的议论在社会上已很普遍了,不必再加议论,所载事迹已多不利于安石,读者自然觉其可恶。但是我们要知道王安石绝对不是坏人，至少应当如陆象山《王荆公祠堂记》所批评，说他的新法，前人目其孳孳为利，但此种经济之学，在当时实为要图。朱子亦说他"刚愎诚然有之，事情应该作的"。他们对于安石的人格，大体上表示崇敬。但是《宋史》本传那就完全不同了，所以我们认为有改作的必要。乾嘉时候蔡元凤（上翔）作《王荆公年谱》专门做这种工作，体裁虽不大对，文章技术亦差，惟极力为荆公主张公道，这点精神却很可取。又如，秦代开国功臣的李斯，为二世所杀，斯死不久，秦国亦亡。汉人对于秦人，因为有取而代之的关系，当然不会说他好。《史记》的《李斯传》，令人读之不生好感。李斯旁的文章很多，一概不登；只登他的《谏逐客书》及《对二世书》，总不免有点史家上下其手的色彩。他的学问很好，曾经作过战国时候第一流学者荀卿的学生；他的功业很大，创定秦代的开国规模；间接又是后代的矩范。汉代开国元勋如萧何、曹参都不过是些刀笔小吏，因缘时会，说不上学问，更说不上建设。汉代制度，十之八九从秦代学来。后代制度，又大部分从汉代学来。所以李斯是一个大学者，又是头一个统一时代的宰相，凭他的学问和事功，都算得历史上的伟大人物，很值得表彰一下。不过迟至现在，史料大都湮没，只好将旧有资料补充补充。看汉人引用秦人制度的地方有多少。也许可以看出李斯的遗型。总之李斯的价值要从新规定一番，是无疑的。

(3)为一种陈旧观念所束缚，带起着色眼镜看人，把从前人的地位身分全看错了。这类事实，史上很多。应该努力洗刷。例如曹操代汉，在历史上看来，这是力征经营当然的结果，和汉高祖、唐太宗们之得天下实在没有甚么分别。自从《三国演义》通行后，一般人都当他作奸臣，与王莽、司马懿同等厌恶。平心而论，曹操与王莽、司马懿绝然不同。王莽靠外戚的关系，骗得政权；即位之后，百事皆废。司马懿为曹氏顾命大臣，欺人孤儿寡妇，狐媚以取天下。这两人心地的残酷，人格的卑污，那里够得上和曹孟德相提并论？当黄巾、董卓、李傕、郭汜多次大乱之后，汉室快要亡掉；曹孟德最初以忠义讨贼，削平群雄。假使爽爽快快作一个开国之君，谁能议其后？只因玩一回挟天子以令诸侯的把戏，竟被后人搽上花脸，换个方面看待。同时的刘备、孙权，事业固然比不上曹操的伟大，人格又何尝能比曹操高尚？然而曹操竟会变成天下之恶皆归，岂非朱子《纲目》以后的史家任情褒贬，渐失其实吗？又如刘裕代晋，其拨乱反正之功，亦不下于曹操。看他以十几个同志，在京口起义，何等壮烈！灭南燕，灭姚秦，把五胡乱华以后的中原，几乎全部恢复，功业何等雄伟！把他列在司马懿、萧道成中间，看做一丘之貉，能算公平吗？宋以后的士大夫，对于曹操、刘裕一类人物，特别给他们不好的批评，一面是为极狭隘极冷酷的君臣之义所束缚，以一节之短处，抹杀全部的长处；一面因为崇尚玄虚，鄙弃事功，成为牢不可破的谬见。对于这类思想的矫正，固然是史评家的责任最大，但叙述的史家亦不能不分担其责。总而言之，凡旧史对于古人价值认识错误者，我们都尽该下番工夫去改正他。

（五）皇帝的本纪及政治家的列传，有许多过于简略，应当从新作过。因为所有本纪，在全部二十四史中，都是编年体，作为提纲挈领的线索，尽是些官样文章，上面所载的都不过上谕、日蚀、饥荒、进贡、任官一类事情。所以读二十四史的人，对于名臣硕儒，读他们的列传，还可以看出一个大概；对于皇帝，读他们的本纪，反为看不清楚。皇帝的事往往散见在旁的列传中，自然不容易得整个的概念了。皇帝中亦有伟大人物，于国体政体上别开一个生面，如像秦始皇、汉高祖、汉武帝、汉光武、魏武帝、汉昭烈帝、吴大帝、北魏孝文帝、北周武帝、唐太宗、宋太祖、元世祖、明太祖、清圣祖、清世宗、清高宗，何止一二十个人，都于一时代有极大的关系。可惜他们的本纪作得模糊影响，整个的人格和气象完全看不出来。此外有许多大政治家亦然，虽比皇帝的本纪略为好些，但因为作的是列传，许多有关系的事实不能不割裂到其他有关系的人物的传中去。即如诸葛武侯的事迹，单看《三国志》的《诸葛亮列传》，看不出他的伟大处来，须得把《蜀志》甚至于全部《三国志》都要读完，考察他如何行政，如何用人，如何联吴，如何伐魏，才能了解他的才能和人格。这种政治上伟大人物，无论为君为相，很可以从各列传中把材料钩稽出来，从新给他们一人作一个专传。

(六)有许多外国人，不管他到过中国与否，只要与中国文化上政治上有密切关系，都应当替他们作专传。譬如释迦牟尼，他虽然不是中国人，亦没有到过中国；但是他所创立的佛教在中国思想界占极重要的一部分。为自己研究的便利起见，为世界文化的贡献起见，都有为他作专传的必要。又如成吉斯汗，他是元代的祖宗，但是元代未有中国以前的人物，其事实不在中国本部，可以当作外国人看待。他的动作关系全世界，很值得特别研究。可惜《元史》的记载太简略了，描写不出他伟大的人格与事功。所以我们对于成吉斯汗,可以说有为他作专传的义务。此外,如马可孛罗,意大利人,他的生活大部分在中国,曾作元朝的客卿,他是第一个著书把中国介绍到欧洲去的人,在东西交通史占得重要的位置。我们中国人不能不了解他。又如利马窦、南怀仁、汤若望、庞迪我……诸人,他们在明末清初的时候,到中国来,一面输入天主教,一面又输入浅近的科学。欧洲方面,除教会外,很少人注意他们。中国方面,因为他们在文化上有极大的贡献,我们就不得不特别重视了。又如大画家的郎世宁,他的生活大部分在中国,于输入西洋美术上,功劳很大。他在欧洲美术界只能算第二三等脚色,在中国美术界就要算西洋画的开山祖师。欧洲人可以不注重,我们不能不表彰。更如创办海军的琅威尔,作中国的官,替中国出力,清季初期海军由他一手练出,虽然是外国人,功在中国,关于他的资料,亦以中国为多,西文中寻不出甚么来。这类人物,大大小小,不下一二十个,在外国不重要,没有作专传的必要,在中国很重要,非作专传不可。有现成资料,固然很好;就是难找资料,亦得设法找去。

(七)近代的人学术事功比较伟大的,应当为他们作专传。明以前的人物,因为有二十四史,材料还较易找。近代的人物,因为《清史》未出,找材料反觉困难。现在要为清朝人作传,自然要靠家传、行状和墓志之类。搜罗此种史料最丰富的,要算《碑传集》同《国朝耆献类徵》二书。其中有许多伟大人物,资料丰富,不过仍须经一番别择的手续。但是有许多伟大人物并此种史料而无之。例如年羹尧,我们虽知他曾作大将军,但为雍正所杀害的情形和原因却很难确实知道。虽为一时代的重要人物而事迹渺茫若此,岂不可惜！又如章学诚，算得一个大学者了。但是《耆献类徵》记载他的事，只有两行，并且把章字误作张字。像他这样重要的人物，将来《清史》修成，不见得会有他的列传，纵有列传也许把章字误成张字，亦未可知，或者附在《文苑传》内，简单的说一两行也说不定。研究近代的历史人物，我们很感苦痛，本来应该多知道一点，而资料反而异常缺乏。我们应该尽我们的力量，搜集资料，作一篇，算一篇。尤其是最近的人，一经死去，盖棺论定，应有好传述其生平。即如西太后、袁世凯、蔡锷、孙文都是清末民初极有关系的人，可惜都没有好传。此时不作，将来更感困难。此时作，虽不免杂点偏见，然多少尚有真实资料可凭。此时不作，往后连这一点资料都没有了。

如上所述，关系重要的，性情奇怪的，旧史不载的，挟嫌诬蔑的，本纪简略的，外国的，近代的人物，都有替他作专传的必要。人物专史的对象，大概有此七种。

说到这儿，还要补充几句。有许多人虽然伟大奇特，绝对不应作传。这种人约有两种：

（一）带有神话性的，纵然伟大，不应作传。譬如黄帝很伟大，但不见得真有其人。太史公作《五帝本纪》，亦作得恍惚迷离。不过说他"生而神明，弱而能言，幼而徇齐，长而敦敏，成而聪明"。这些话，很像词章家的点缀堆砌，一点不踏实，其余的传说，资料尽管丰富，但绝对靠不住。纵不抹杀，亦应怀疑。这种神话人物，不必上古，就是近古也有。譬如达摩，佛教的禅宗奉他为开山之祖。但是这个人的有无，还是问题。纵有这个人，他的事业究竟到甚么程度,亦令人茫然难以捉摸。无论古人近人,只要带有神话性,都不应替他作传。作起来,亦是渺渺茫茫,无从索解。

(二)资料太缺乏的人,虽然伟大奇特,亦不应当作传。比如屈原,人格伟大,但是资料枯窘得很。太史公作《屈原列传》,完全由淮南王安的《离骚序》里面抄出一部分来。传是应该作的,可惜可信的事迹太少了。战国时代的资料本来缺乏,又是文学家,旁的书籍记载很少,本身著作可以见生平事迹的亦不多。对这类人,在文学史上讲他的地位是应该的,不过只可作很短的小传,把史传未载的,付之阙如;有可疑的,作为笔记,以待商榷。若勉强作篇详传,不是徒充篇幅,就是涉及武断,反而失却作传的本意了。又如大画家吴道子,大诗家韦苏州,人物都很伟大,史上无传,按理应该补作。无如吴道子事迹稀少,传说概不足信;韦苏州虽有一时豪侠,饮酒杀人的话,不过诗人口吻,有多方面的解释。这类不作传似乎不好,勉强作传又把史学家忠实性失掉了去。这两种人,有的令人崇拜,有的令人赞赏,有的令人惋惜,本来应该作传,可惜没有资料。假使另有新资料发见,那时又当别论。在史料枯窘状况之下,不能作亦不应作,只好暂时搁下吧。

应该作专传和不应该作专传的人,上面既已说了个标准,其余三种人的专史——年谱,列传,合传——也可就此类推,现在不必详说了。

第三章　做传的方法

今天所讲的作传方法,偏重列传方面;但专传亦可应用。列传要如何作,我现在没有想得周到,不能够提出多少原则来。我是一面养病,一面讲演,只能就感想所及,随便谈谈,连自己亦不满意。将来有机会,可再把新想到的原则,随时添上去。

为一个人作传,先要看为甚么给他做,他值得作传的价值在那几点。想清楚后,再行动笔。若其人方面很少,可只就他的一方面极力描写:为政治家作传,全部精神偏在政治;为文学家作传,全部精神偏在文学。若是方面多，就要分别轻重：重的写得多，轻的写得少，轻重相等则平均叙述。两人同作一事，应该合传的，不必强分。应该分传的，要看分在何人名下最为适当。

（一）为文学家作传的方法　作文学家的传，第一，要转录他本人的代表作品。我们看《史记》、《汉书》各文人传中，往往记载很长的文章。例如《史记》的《司马相如列传》就把几篇赋全给他登上。为甚么要费去这么多的篇幅去登作品？何不单称他的赋作得好，并列举各赋的篇名？因为司马相如所以配称为大文学家，就是因那几篇赋有价值。那几篇赋，现在《文选》上有，各种选本上亦有，觉得很普遍；并不难得；但是要知道，如果当初正史上没有记载，也许失去了，我们何从知道他的价值呢？第二，若是不登本人著作，则可转载旁人对于他的批评。但必择纯客观的论文，能够活现其人的全体而非评骘枝节的。譬如《旧唐书》的《杜甫传》，把元微之一篇比较李杜优劣的文章完全登在上面，这是很对的。那篇文章从《诗经》说起，历汉、魏、六朝说到唐，把几千余年来诗的变迁，以及杜甫在诗界的地位，都写得异常明白。《新唐书》把那篇文章删去（旁的还删了许多零碎事情），自谓事多于前，文省于旧，其实不然。经这一删，反为减色。假使没有《杜工部集》行世，单读《新唐书·杜甫传》，我们绝不会知他是这样伟大的人物。为文学家作传的正当法子，应当像太史公一样，把作品放在本传中。章学诚就是这样的主张。这种方法，虽然很难，但是事实上应该如此。为甚么要给司马相如、杜甫作传，就是因为他们的文章好。不载文章，真没有作传的必要。最好能像《史记·司马相如列传》登上几篇好赋，否则须像《旧唐书·杜甫传》登上旁人的批评。纵然《杜工部集》失掉了去，我们还可以想见他的作风同他的地位。《旧唐书》登上元微之那篇论文，就是史才超越的地方；《新唐书》把它删去，就是史识不到的地方。

（二）为政治家作专传的方法 作政治家的传，第一要登载他的奏议同他的著作。若是不登这种文章，我们看不出他的主义。《后汉书》的王充、仲长统、王符合传，就把他们三人的政论完全给他登上。为甚么三人要合传，为的是学说自成一家，思想颇多吻合。为甚要为他们登载政论，因为他们三人除了政论以外，旁的没有甚么可记。范蔚宗认为《论衡》、《昌言》、《潜夫论》可以代表三家的学说，所以全登上了。《论衡》今尚行世，读原书然后知道蔚宗所录尚不完全。但是《昌言》同《潜夫论》，或已丧失，或已残阙，若无《后汉书》这篇传，我们就没有法子知道仲长统和王符有这样可贵的政见。第二，若是政论家同时又是文学家，而政论比文学重要，与其登他的文章，不如登他的政论。《史记》的《屈原贾生列传》，对于屈原方面，事迹模糊，空论太多。这种借酒杯浇块垒的文章，实在作的不好，这且勿论。对于贾生方面，专载他的《鵩鸟赋》、《吊屈原赋》，完全当作一个文学家看待，没有注意他的政见，未免太粗心了。《汉书》的《贾生列传》就比《史记》做得好，我们看那转录的《陈政事书》，就可以看出整个的贾谊。像贾谊这样人，在政治上眼光很大，对封建，对匈奴，对风俗，都有精深的见解。他的《陈政事书》，到现在还有价值。太史公没有替他登出，不是只顾发牢骚，就是见识不到，完全不是作史的体裁。

(三)为方面多的政治家作传的方法　有许多人方面很多,是大政治家,又是大学者,这种人应当平均叙述。我们平常读《明史》的《王守仁传》,总觉得不十分好;再与旁人所作《王守仁传》比较一下,就知道《明史》太偏重一方了。《明史》叙阳明的功业,说他伟大,诚然可以当之无愧。但是阳明之所以不朽,尤其因他的学说。万季野的《明史》原稿,不知道怎么样。后来张廷玉、陆陇其一般人,以门户之见,根本反对阳明思想,所以我们单读《明史》本传,看不出他在学术界的地位。最好同邵念鲁的《思复堂文集》、《明儒学案》的《姚江学案》对照著读,就可以知道孰优孰劣。《明儒学案》偏重学术,少讲政治,固然可以说学案体裁,不得不尔;但是梨洲于旁人的事迹录得很多,而于阳明特简,这是他的不好处。因为阳明方面太多,学问事功都有记载的价值,《学案》把事功太抛弃,差不多成为一个纯粹的学者了。《明史》本传全讲事业,而于学问方面极其简略,而且有许多不好的暗示,其实失策。若先载阳明学说,然后加以批评,亦未为不可。但《明史》一笔抹杀,叙学术的话不过全部百分之二三,让人看去,反不满意。现存的《王阳明传》,要算邵念鲁作得顶好。平均起来,学问占三分之二,功业占三分之一。述学问的地方,亦能摘出要点。从宋学勃兴后学术的变迁,阳明本身的特点,在当时学界的地位,以及末流的传授,都能写得出来。最后又用《旧唐书》的方法,录二篇文章,一篇是申时行请以阳明配祀孔庙的奏折,一篇是汤斌答陆陇其的一封信。他不必为阳明辩护而宗旨自然明白。述功业的地方,比《明史》简切得多,真可谓事多于前,文省于旧。尤为精采的,是能写得出功业成就的原因,及功业关系的重大，又概括，又明了。在未叙铲平南赣匪乱之先，先说明用兵以前的形势，推论当时假使没有阳明，恐怕晚明流寇早已起来，等不到泰昌、天启的时候了。次叙阳明同王琼（最先赏识阳明的人）的谈话，断定旧兵不能用，非练新兵不可，新兵又要如何的练法。平贼以前，有这两段话，可以看出事业的关系，及其成功的原因。这种消息，在《明史》本传，一点没有痕迹，不过说天天打胜仗而已。又阳明平贼以后，如何抚循地方，维持秩序，以减少作乱的机会，一面用兵，一面讲学，此等要事亦惟邵书有之，而《明史》则无。关于平定宸濠一事，虽没有多大比较，但《明史》繁而无当，不如邵书简切，这都可以看出史才史识的高低。

（四）为方面多的学者作传的方法　许多大学者有好几方面，而且各方面都很重要；对于这种人，亦应当平均叙述。譬如清儒记载戴东原的很多，段玉裁作《年谱》，洪榜作《行状》，王昶作《墓志铭》，钱大昕作《墓志铭》，阮元作《儒林传稿》，凌廷堪作《行状》，这些都是很了不得的人；我们把他们的作品来比较，可以看出那一个作得好，如何才能把戴东原整个人格完全写出。我们看，段玉裁虽是亲门生，但《东原年谱》是晚年所作，许多事迹，记不清楚。王、钱、阮、凌诸人，或者关系很浅，或者相知不深，大半是模糊影响的话，惟有洪榜的《行状》，作得很好。但现在所存的，已经不是原文，被人删去不少。原文全录东原《答彭进士允初书》，时人皆不谓然，朱筠且力主删去，东原家人只好删去了。其实此书，自述著《孟子字义疏证》之意，在建设一己哲学的基础，关系极其重要。洪榜能赏识而余人不能，这不是艺术的关系，乃是见识的关系。其余几家只在声音、训诂、天文、算术方面着眼，以为是东原的绝学。东原的哲学的见解，足以自树一帜，他们却不认识，并且认为东原的弱点。比较上凌廷堪还稍微说了几句，旁的人一句亦不讲。假使东原原文丧失，我们专看王、钱、段、阮诸人著作，根本上就不能了解东原了。所以列传真不易作，一方面要史识，一方面要史才。欲得篇篇都好，除非个个了解。但是无论何人不能如此渊博，要我在《清史》中作《戴东原传》，把他所有著作看完，尚可作得清楚。要我作恽南田（大画家）传，我简直没有法子。因为我对于绘画一道，完全是外行。想把恽传作好，至少能够了解南田如像了解东原一样。所以作列传不可野心太大，篇篇都想作得好：顶好专作一门，学文学的人作文学家的列传，学哲学的人作哲学家的列传，再把前人作的拿来比较一下，可以知道为某种人作传应该注重那几点，作时就不会太偏了。即如《戴东原传》，前两年北京开戴氏百年纪念会，我曾作过一篇，因为很匆忙，不算作得好，但可以作为研究的模范。我那篇传，就是根据段、洪、王、钱、阮、凌几家的作品。因为叙述平均，至少可以看出东原的真相以及他在学术界的地位。后来居上，自然比洪滂的《行状》还好一点。不过洪作虽非全璧，亦能看出东原一部分真相来，已经就很难了。作传要认清注重之点。不错，戴东原是一个学者；但是在学问方面，是他的声音训诂好呢，还是他的义理之学好，没有眼光的人一定分辨不出来。我以为东原方面虽多，义理之学是他的菁萃，不可不讲。王、钱诸人的著作没有提到，这是他们失察的地方。

　　（五）为有关系的两人作传的方法　　两个人同作一件事，一个是主角,一个是配角,应当合传,不必强分。前面讲《贾生列传》,《汉书》比《史记》好。但是《韩信列传》,《汉书》实在不高明。班孟坚另外立一个《蒯通传》,把他游说韩信的话放在里边。蒯通本来只是配角,韩信才是主角。韩信的传,除了蒯通的话,旁的不见精采。蒯通的传,除了韩信的话,旁的更无可说。《汉书》勉强把他二人分开,配角固然无所附丽,主角亦显得单调孤独了。这种眼光,孟坚未始不曾见到,或者因为他先作《韩信传》,后来才作《蒯通传》,既作《蒯通传》,不得不割裂《韩信传》,这样一来,便弄得两面不讨好了。两个人同作一件事,两人又都有独立作传的价值,这种地方,就要看分在何人名下最为适当。《明史》左光斗同史可法两个人都有列传,两人都有价值。史是左的门生,年轻时很受他的赏识;后来左光斗被魏忠贤所陷,系在狱中,史可法冒险去看他,他临死时又再去收他的尸。《明史》把这件事录在《史可法传》中,戴南山又把这件事录在《左光斗传》中。分在两书,并录无妨。同在一书,不应重见。比较起来,以录在《左传》中为是。史可法人格伟大,不因为这件事情而加重。左光斗关系较轻,如无此事,不足以见其知人之明。所以在《史传》中,无大关系;在《左传》中,可以增加许多光彩。

(六)为许多人作传的方法　上次讲作专传以一个伟大人物作中心,许多有关系的人附属在里面。不必专传如此,列传亦可。因一个主要的,可以见许多次要的。这种作法,《史记》、《汉书》都很多。作正史上的列传,篇数愈少愈好,可以归纳的最好就归纳起来。《史记》的《项羽本纪》,前半篇讲的项梁,中间讲的范增,后半篇才讲项羽自己。若是文章技术劣点,分为三篇传,三篇都作不好。太史公把他们混合起来,只作一篇,文章又省,事情又很清楚。这种地方,很可取法。还有许多人,不可以不见,可是又没有独立作传的价值,就可以附录在有关系的大人物传中。因为他们本来是配角,但是很可以陪衬主角;没有配角形容不出主角,写配角正是写主角。这种技术,《史记》最是擅长。例如信陵君这样一个人,胸襟很大,声名很远。从正面写未尝不可以,总觉得费力而且不易出色。太史公就用旁敲侧击的方法,用力写侯生,写毛公、薛公,都在这些小人物身上着笔,本人反为很少,因为如此,信陵君的为人格外显得伟大,格外显得奇特。这种写法不录文章不写功业,专从小处落墨,把大处烘托出来。除却太史公以外,别的人能够做到的很少。

第四章　合传及其做法

　　合传这种体裁，在传记中最为良好。因为他是把历史性质相同的人物，或者互有关系的人物，聚在一处，加以说明，比较单独叙述一人，更能表示历史真相。欧洲方面，最有名最古的这类著作要算布鲁达奇的《英雄传》了。全书都是两人合传，每传以一个希腊人与一个罗马人对照，彼此各得其半。这部书的组织虽然有些地方勉强比对，不免呆板，但以比对论列之故，一面可以发挥本国人的长处，亦可以针砭本国人的短处。两两对照，无主无宾，因此叙述上批评上亦比较公平。中国方面,《史记》中就有许多合传,翻开目录细看,可以看出不少的特别意味。《史记》以后,各史中虽亦多有合传,究竟嫌独立的传太多了。若认真归并起来,可以将篇目减少一半或三分之一。果然如此,一定更容易读,更能唤起兴味。合传这种方法,应用得再进步的,要算清代下列的几家:

(一)邵廷采(念鲁) 邵氏的《思复堂文集》,虽以文集名书,然其中十之七八都是历史著作。论其篇幅,并不算多;但每篇可以代表一种意义。其中合传自然不止一人,专传亦包括许多人物。如《王门弟子传》、《刘门弟子传》、《姚江书院传》、《明遗民所知传》等篇,体裁均极其优美。全书虽属散篇,然隐约中自有组织,而且一篇篇都作得很精炼,可以作我们的模范。

(二)章学诚(实斋) 章氏的《湖北通志检存稿》,三十余篇传都是合传,每传人数自二人以至百余人不等,皆以其人性质的异同为分合的标准,皆以一个事迹的集团为叙述的中心。读其传者,同时可知各个人的历史及一事件的始末,有如同时读了纪传体及纪事本末体。虽其所叙只湖北一省的事情,而且只记湖北在正史中无传的人物,范围诚然很窄;但是此种体裁可以应用到一时代的历史上去,小可应用到全国的历史上去。

(三)魏源(默深) 魏氏的《元史新编》,十几年前才刻出来。这部书是对于"二十四史"的《元史》不满意而作。"二十四史"中,《元史》最坏,想改作的人很多。已成书的,柯劭忞的《新元史》,屠寄的《蒙兀儿史记》,与魏书合而为三。魏书和柯书、屠书比较,内容优劣如何,我不是《元史》学专家,不敢妄下断语。但其体裁,实不失为革命的。书中列传标目很少:在武臣方面,合平西域功臣为一篇,平宋功臣为第二篇……又把武功分为几个段落。同在某段落立功者合为一传。文臣方面,合开国宰相一篇,中叶宰相一篇,末叶宰相一篇,某时代的谏官一篇,历法同治河的官又是一篇。又把文治分为几个时代或几个种类,同在某时代服官者,或同对于某样事业有贡献者,各各合为一传。全书列传不过二三十篇,皆以事的性质归类。每篇之首,都有总序,与平常作传先说名号籍贯者不同,我们但看总序,不待细读全篇,先已得个大概。例如每个大战役,内中有多少次小战,每战形势如何,谁为其中主人,开头便讲,然后分别说到各人名下。像这种作法,虽是纪传体的编制,却兼有纪事本末体的精神。所传的人的位置及价值亦都容易看出。

我们常说"二十四史"有改造的必要,如果真要改造,据我看来最好用合传的体裁,而且用魏源的《元史新编》那体裁。当初郑樵作《通志》的时候,原想改造"十七史",这种勇气很好;即以内容而论,志的部分亦都作得不错;可惜传的部分实在作得不高明,不过把正史列传各抄一过而已。读《通志》的人大都不看传,因为《通志》的传根本就和各史原文没有甚么异同。改造"二十四史",别的方法固然很多,在列传方面只须用魏书体裁,就可耳目一新,看的时候,清楚许多,激发许多。让一步讲,我们纵不说改造"二十四史"的话,即是做人物的专史,终不能不作传。做单传固然可以,不过可合则合,效果更大。

合传的性质,各人的分类不同。依我看来,可以分为两大类:第一类,超群绝伦的伟大人物,两下有比较者,可作合传。第二类,代表社会一部分现象的普通人物，许多人性质相近者，可作合传。以下根据这两类分别细讲：

(一)人物或二人或二人以上可以作篇合传，又可分为四小类：

(1)同时的人，事业性质相同或相反，可合者合之。例如王安石与司马光时代相同，事业相同，两人代表两派，凡读《王安石传》时不能不参考《司马光传》；与其分为两篇，对于时代的背景要重复的讲了又讲，对于政治的主张有时又不免有所轩轾；何如合为一篇，可以省事，而且搜求事迹亦较公平。再如朱熹与陆九渊，时代相同，性质不同，代表的方面亦相反，作了《朱传》再作《陆传》，一定要犯上面所说的重复和偏见两种毛病，合在一起，就不至于恭维这个，瞧不起那个了。又如曾国藩与胡林翼，时代相同，事实亦始终合作，单作《曾传》非讲胡不可，单做《胡传》非讲曾不可，两人地位相等，不能以曾附胡，亦不能以胡附曾，应该合为一传，平均叙述。更如李白与杜甫，虽未合作，亦非相反；然同时代，可以代表唐时文学的主要部分；讲李时连带说杜，讲杜时连带说李，两下陪衬起来，格外的圆满周到。假使把他们分开，就不免有拖沓割裂的痕迹了。

(2)不同时代的人，事业相同，性质相同，应该合传。例如汉武帝与唐太宗，时代不同，而所作的多是对外事业，汉族威德的发扬光大，两人都有功劳；合为一传，可以得比较其在中国文化上的位置及价值，愈见明了。再如曹操与刘裕，时代不同，性质大部分相同；都在大乱之后，崛起草泽，惟皆未能统一中国，遂令后世史家予以不好的批评；若把他们两人合在一起，可以省许多笔墨，而行文自见精采，加判断的时候亦比较的容易公平。又如项羽、李密、陈友谅,时代不同,事业大致相同,都是遭遇强敌,遂致失败;这种失败的英雄可以供我们凭吊的地方很多,合在一块作传,情形倍觉可怜。更如苻坚、北魏孝文帝、北周武帝、金世宗、清圣祖,时代不同,事业相同,都是以外国入主中国,努力设法与汉人同化;合为一传,可以看出这种新民族同化到中国的情形;全部历史上因为有这几个人,变迁很大。

(3)专在局部方面,或同时,或先后,同作一种工作,这类人应当合传。例如刘知几、郑樵、章学诚都在中国历史哲学上有极大的贡献;史学观念的变迁和发明皆与他们有密切关系。三人合在一块作传,可以看出渊源的脉络:前人的意见,后人如何发挥;前人的错误,后人如何改正。中国历史哲学就容易叙述清楚了。又如鸠摩罗什与玄奘,都是翻译佛经事业的,伟大相若;两个人代表两大宗派,一个是三论宗的健将,一个是法相宗的嫡传;做他们两人的合传,可以说明印度佛教宗派的大势力,中国译经事业的情形。又如公孙述、刘备、李雄、王建、孟知祥都在四川割据称雄,只能保守,不能进取;把他们几人合传,可以看出四川在中国的地位。前人常说:“天下未乱蜀先乱,天下已治蜀未治。”这个原则,古代如此,直至民国仍然没有打破。更如陈东与张溥,都是代表一种团体活动的人,两人性质相同,陈为太学生,张为秀才,一个连合学生干政,一个运动组织民党;把他们两人合传,可以看出地位不高而事业伟大的中国青年,在历史活动的成绩及所以活动的原因。

(4)本国人与外国人性质相同,事业相同,可以作合传。要作这种传,不单要研究国学,外史知识亦须丰富。两两比较,可以发挥长处,补助短处。例如孔子与苏格拉底,两个都是哲学家,一个是中国的圣人,一个是希腊的圣人,都讲人伦道德,两人合为一传,可以比较出欧亚对于人生问题的异同及解决这类问题的方法。再如墨翟与耶稣,两个都是宗教家,一个生当战国,一个生于犹太,都讲博爱和平,崇俭信天;合在一块作传,可以看出耶、墨两家异同,并可以研究一盛一衰的原故。又如屈原与荷马,两个都是文学家,一个是东方的文豪,一个是西方的诗圣,事迹都不十分明了,各人都有几种传说的;把他们合在一起,可以看出古代文学发达的次序,及许多作品附会到一人名下的情形。更如清圣祖、俄大彼得、法路易十四都是大政治家,三人时代相同,性质相同,彼此都有交涉;彼得、路易的国书,清故宫尚有保存;替他们合作一传,可以代表当时全世界的政治状况,并可以看出这种雄才大略的君主对内对外的方略。

(二)代表社会一部分现象的普通人物 和第一类相反:前者是英俊挺拔的个人,后者是群龙无首的许多人。正史中的儒林、文苑、游侠、刺客、循吏、独行等列传,就为他们而立。他们在历史上关系的重要,不下于伟大人物。作这种合传,是专写某团体或某阶级的情状;其所注意之点,不在个人的事业而在社会的趋势;需要立传与否,因时代而不同。《史记》有《游侠传》,因为秦、汉之交,朱家、郭解一流人物在社会上有相当的势力,不可忽视。《后汉书》有《党锢传》,因为东汉时候,党锢为含有社会性的活动,直接影响到政治。《后汉书》又有《独行传》,因为当时个人的高世杰出之行,社会上极其佩服,养成一种风气。《宋史》有《道学传》,因为宋代理学发达，为当时一种特殊现象，于社会方面影响极大。这类人物含有社会性，其中亦有领袖行为举止颇多值得注意的地方，然不及全部活动之重要。单注意领袖，不注意二三等脚色，看不出力量，看不出关系，非有群龙无首的合传不可。我们万勿以人物不大，事情不多，一个个分开看，无足轻重，便认定其活动为无意义，值不得占篇幅。须知一个人虽无意义，人多则意义自出；少数的活动效果虽微，全体的活动效果极大。譬如《后汉书·党锢传》，要把个人的动作聚合加上，然后全部精神可以表出。单看范滂、张俭所争，都是硁硁小节；然党锢共同精神，就在这硁硁小节里边。我们若只是发空论，唱高调，一定表现此中真相不出来的。真讲究作文化史，这类普通人物的事实，比伟大人物的动作意味还要深长。"二十四史"中，这类合传尚嫌其少，应当加以扩充。又可分为五项：

(1)凡学术上，宗教上，艺术上，成一宗派者，应当作为合传。例如《姚江王门弟子传》、《蕺山刘门弟子传》，邵念鲁所著，作得很好，两家学风可以看出。《宋元学案》、《明儒学案》亦皆如此。前者分派多，归并少，后者反是。比较起来，还是《明儒学案》好些（因一是单篇，一是专著之故）。李穆堂的《陆子学谱》亦用合传体裁。陆门一传再传弟子的关系，都在里面看得很了然，研究亦很方便。再如法相宗、天台宗、禅宗，在佛教史中不必多作，只要几篇好的合传，便就够了。又如南宗画派、院体画派，自明以来，分据画界领域；把一派中重要人物聚集起来，为作一篇合传，并不费事，而研究近代绘画的人，很容易得一种概念。

(2)凡一种团体，于时代有重大关系者，应当为作合传。例如宋代的元祐、庆元党案，不管他有无具体组织，亦不管他是好是坏，但是当时士大夫都欢喜标立门户，互相排挤，至其甚则造作党籍以相陷；但凡他们气味相投的都可以作为合传，以观其是非得失。再如明代的东林、复社、昆宣阉党，有的系自立名号，有的敌党所加，各因其类，结为团体，以相攻击，于是宇内骚然，大狱惨动；最好一党作篇合传，以观其政治上影响，并可以考见明亡的原因。又如近代的戊戌维新党、国民党、共产党，其发生虽或先或后，历史虽或久或暂，组织虽或疏或密，然对于政治方面各有主张，各有活动；应该把他们的分子作几篇合传，以说明他们的真相，判断他们的功罪，推求他们在政治上社会上的影响。

(3)不标名号，不见组织，纯为当时风气所鼓荡，无形之中，演成一种团体活动，这类人亦应当为作合传。例如晋代的清谈，没有党，没有系，更没有本部支部，但是风气所尚，都喜欢摇麈尾，发俊语；为他们作一篇合传，不特可以看出当时思想的趋势，并可以看出社会一般的情形。再如宋代的道学，虽没有标出任何团体，然而派别很多，人人都喜欢讲点理气性命的话；合起来作篇传，比《宋元学案》稍略，比《宋史·道学传》稍详，以看他们的主张及传授，那就好了。又如明末遗民反抗满洲，虽没有团体，但确为时代精神所寄；单看张煌言、顾炎武等，还看不出全部的民族思想，社会潮流；把大大小小许多人，都合起来作传，他们这种活动的意义及价值立刻就可以看出来了。

(4)某种阶级或某种阀阅，在社会上极占势力者，应当为作合传。例如六朝的门第，俨然是一种阶级，南朝的王、谢、郗、庾，北朝的崔、卢、李、郑，代代俱掌握政权，若从《南、北史》中把他们这几人各作一篇合传，可知其势力之伟大；所有重要活动，全是这几人作的；但是单看《王导传》《谢安传》，很不容易看出来。再如唐朝的藩镇，为一代盛衰的根源，单看安禄山、史思明的列传，看不出有多少关系，若把大大小小的藩镇都合起来，说明他们的兴亡始末，可以看出在当时专横的情形，于后世影响的重大。又如晚明流寇，骚动全国，明朝天下就断送在他们手里；单看张献忠、李自成的列传，还未能看出民间惨苦的全部；把所有流寇都聚集起来，就可以看出他们的凶暴刻毒，并可以看出社会上所受他们的摧残蹂躏，有些地方真能够使我们看了流泪。

(5)社会上一部分人的生活，如有资料，应当搜集起来，为作合传。例如藏书家及印书家，单指一人，不能说有多少影响；若把一代(如清代)的藏书家、印书家作合传，可以知道当时书籍的聚散离合；一代文化的发达与衰谢，亦可以看出一斑；这和学术上的关系极为重大。再如淮扬盐商，广东十三行，都是一时的商业中心，可惜资料不易得了；若由口碑及笔记搜集起来，作为合传，可以看出这部分的经济状况，及国内外商业的变迁。又如妓女及戏子，向来人看不起；但是他们与政治上社会上俱有很大的关系；明末妓女中的柳如是、陈圆圆、顾横波都是历史上极好的配角；清末戏子中的程长庚、谭鑫培、梅兰芳都是受社会的欢迎；为他们作篇合传，不特值得而且应该。有许多地方，须靠他们来点缀，说明。

上面第一第二两类人物，一类之中分为几个小类，每一小类举三四个例来，取便说明，并不是说应该作传的人物完全在此，我的意思是说,伟大人物单独作传,固然可以,但不如两两比较,容易公平,而且效果更大。要说明位置价值及关系,亦较简切省事。至于普通人物,多数的活动,其意味极其深长,有时比伟大还重要些,千万不要看轻他们。没有他们,我们看不出社会的真相,看不出风俗的由来。合传这种体裁,大概情形如此。

第五章　年谱及其做法

　　年谱这种著述,比较的起得很迟;最古的年谱,当推宋元丰七年吕大防做的《韩文年谱》、《杜诗年谱》。做年谱的动机,是读者觉得那些文诗感触时事的地方太多,作者和社会的背景关系很切;不知时事,不明背景,冒昧去读诗文,是领会不到作者的精神的:为自己用功起见,所以做年谱来弥补这种遗憾。不过初次草创的年谱,组织自然不完密,篇幅也非常简单;拿现在的眼光去看,真是简陋的很。

　　但是自从吕大防那两部年谱出世以后,南宋学者做年谱的,就渐渐加多了,到明、清两代简直"附庸蔚为大国",在史学界占重要位置。起初不过是学者的专利品,后来各种人物都适用了;起初不过一卷二卷,后来却增至数十卷了。就中如《阿文成公年谱》有三十四卷,比较吕大防的作品相差就很远。做年谱的方法,经过许多学者的试验发明,也一天比一天精密;自从初发生到现在,进步的迅速,不能不使我们惊异。

甲 年谱的种类

年谱的种类可从多方面去分:

(一)自传的或他传的

本人做自传,欧洲、美洲很多,中国比较的少;但中国也不过近代才不多,古代却不少。《太史公自序》便是司马迁的自传;《汉书·叙传》便是班固的自传;《论衡·自纪》、《史通·自叙》便是王充、刘知几的自传;《汉书·司马相如传》、《扬雄传》所采的本文,便是司马相如、扬雄的自传,这可见自传在中国古代已很发达了。

由自传到自传的年谱,势子自然很顺;但自传的年谱起得很晚,清康熙时孙奇逢恐怕是最早的一个。孙奇逢做得很简单,只有些大纲领;后来由他的弟子补注,才完成了一部书。同时稍后,黄宗羲也自做一部年谱,可惜毁了,不知内容怎样。

此外,冯辰做的《李恕谷年谱》前四卷,实际上等于李塨自己做的,也可归入自传年谱一类。我们知道李塨是一个躬行实践的人,对于自己的生活是毫不放松的。他平时把他的事迹思想,记在他的《日谱》上面，用来做学问的功夫，和旁人的日记不同。这种《日谱》不但可以供后人仿效，不但很有趣味，而且可使后人知道作者思想的进步，事迹的变迁，毫无遗憾。所以冯辰编《李恕谷年谱》，单把李塨《日谱》删繁存要，便成功了。这年谱完全保存了《日谱》的真相，而且经过李塨的手定，简直是李塨自著似的（但第五卷是刘调赞续纂的，不是根据李塨的《日谱》，所以又当别论）。

为研究历史的方便起见，希望历史的伟大人物，都能自做《日谱》，让后人替他做年谱时，可省许多考证的工夫。然而这种希望何时达到呢？在这上，他传的年谱便越发需要了。

他传的年谱又可分同时人做的和异时人做的二种：

（1）同时人当然是和谱主有关系的人，或儿子，或门人，或朋友亲故。这类人做的年谱，和自传的年谱价值相等，其中最有名的要推《王阳明年谱》，那是许多门人搜辑资料，由钱德洪编著的。他们把王守仁一生，分作数段，一个人担任搜辑某年到某年的事迹，经过了许多人的努力，很长久的时间；后来有几个人死了，幸亏王畿、罗洪先帮助钱德洪才做成。这部年谱总算空前的佳著。但后来又经李贽的删改，添上了许多神话，便不能得王守仁的真相了。前者在《王文成公全书》内，后者在《四部丛刊》内，我们须分别看待。

此外，《刘蕺山年谱》最值得我们称赞，因为是蕺山的儿子刘汋（伯绳）做的。邵廷采（念鲁）谓可以离集别行，不看本集，单看年谱，已能知谱主身世和学问的大概。这类有价值的很多，如李塨的《颜习斋年谱》，李瀚章的《曾文正公年谱》。

（2）异时人做的年谱真多极了。他们著书的原因，大概因景仰先哲,想彻底了解其人的身世学问,所以在千百年后做这种工作。这里边最好的要算王懋竑的《朱子年谱》,和同时人做的有相等的价值。固然,有许多事情,同时人能看见,而异时人不能看见;却也有许多事情,异时人可考辨得很清楚,而同时人反为茫昧的:所以一个人若有几部年谱,后出的常常胜过先出的。现在姑且不讲,留在下节讨论。

(二)创作的或改作的

同时人所做的年谱固然是创作;异时人所做的年谱,若是从前没有人做过,便也是创作。创作的年谱经过了些时,常有人觉得不满意,重新改做一部,这便是改作的年谱。改作的大概比创作的好些,只有李贽的《王阳明年谱》是例外。但我们要知道改作是一件不得已的事情,如果没有特别见地,自然可以不用改作;改作了,也不可埋没作者的艰苦。因为创作者已做好了大间架,改作者不过加以小部分的增订删改而已。无论什么历史,我们固然不能说只可有创作,不可有改作;但也不能因有了改作的以后,就把创作者的功劳没了去。

有些人不止一部年谱,甲改做了乙又改做。如《朱子年谱》有李方子、李默、洪去芜、王懋竑四种,《顾亭林年谱》有顾衍生、吴映奎、徐松、胡虔、张穆五种,《元遗山年谱》有翁方纲、凌廷堪、张穆三种,《陶渊明年谱》有吴仁杰、王质、丁晏和我做的四种,大概越发晚出,越发好些。

(三)附见的或独立的

我们如果想做一部某人的年谱,先须打定主意,到底是附在那人文集后面呢,还是离集而独立? 附见的要使读本集的人得著一种方便,独立的须要使不读本集的人能够知道那人身世和学问或事业的大概:主意定了,才可以著手去做。

本来年谱这种书,除了自传的或同时人做的以外,若在后世而想替前人做,非那人有著述遗下不可。没有著述或著述不传的人的年谱,是没有法子可做的,除非别人的著述,对于那人的事迹,记载十分详明才行。所以年谱的体裁不能不有附见和独立二种。

这二种的异点,只在详略之间。附见的年谱应该以简单为主,注重谱主事迹,少引谱主文章。因为读者要想详细知道谱主的见解和主张,尽可自己向本集去寻找。专传后面,有时也可附录年谱或年表;那种年谱也和附见本集的一样,越简越好。独立的年谱却恰不同,越简越不好。他的起原,只因本集太繁重或太珍贵了,不是人人所能得见,所能毕读的;为免读者的遗憾起见,把全集的重要见解和主张,和谱主的事迹,摘要编年,使人一目了然。这种全在去取得宜,而且还要在集外广搜有关系的资料,才可满足读者的希望。合起二种来比较,独立的恰似专传,附见的恰似列传;列传与附见的年谱须简切,专传与独立的年谱须宏博。

(四)平叙的或考订的

倘使谱主的事迹,没有复杂纠纷的问题,又没有离奇矛盾的传说,历来对于谱主事迹,也没有起个什么争辩,那么,简直可以不要费考订的笔墨;纵使年代的先后不免要费考订的功夫,但也在未落笔墨之前,不必写在纸上:这种叫做平叙的年谱。他的重要工作,全在搜罗的丰富,去取的精严,叙述的翔实。《王阳明年谱》、《曾文正公年谱》便属这种。创作的固然可以平叙,改作的也未尝不可。

翻回来说,要考订的年谱,正多著呢。约计起来,共有三种:

(1)谱主事迹太少,要从各处钩稽的　例如王国维作《太史公系年考略》,因为太史公的事迹在《史记》、《汉书》都不能有系统的详细的记载,所以很费了一番考订工夫,而且逐件记出考订的经过,记载的理由来。这是很应该的。因为不说个清楚,读者不知某事何以记在某年,便有疑惑了。倘若要做孟子、墨子一般人的年谱,这是很好的模范。但做起来却不容易。孟子在《史记》虽有传,却有许多不易解决的问题:如先到齐抑先到梁? 主张伐燕,在齐宣王时代抑在齐湣王时代? 都是要费力考订的。墨子的事迹更简,《史记》只有十余字,我们应该怎样去钩稽考订叙述呢? 总说一句,年代久远,事迹湮没的人,我们想替他做年谱或年表,是不能不考订的。

(2)旧有的记载把年代全记错了的　例如陶渊明,《宋史》、昭明太子、《晋书》各传,都说他年六十三,生于晋兴宁三年,其实都错了。我替他做年谱,从他的诗句里找出好些证据,断定他年只五十六,生于晋咸安二年。这么一来,和旧有的年谱全体不同了。旧谱前数年的事,我都移后数年。这种工作,和《太史公系年考略》稍异。他用的是钩沉的工夫,我用的是订讹的工夫。前人做了不少的《陶渊明年谱》,都不会注意到此。其实无论那个谱主的生年数一错,全部年谱都跟著错了。此外如谱主的行事,著作的先后次序,前人的记载也不免常有错误,都值得后人考订。例如王阳明编《朱子晚年定论》,说那些文章是朱子晚年做的,其后有许多人说他造谣:这实是一大问题。假使朱子的行事及著作的先后,早有好年谱考定了,便不致引起后人的争辩。专传、列传都不能做详细考订工作;年谱的责任,便更重大了。

(3)旧有的记载故意诬蔑或观察错误的　如《宋史·王安石传》对于王安石的好处,一点不说,专记坏处,有些不是他的罪恶,也归在他身上了,因为做《宋史》的人根本认他是小人。后来蔡上翔做《王荆公年谱》,把《王荆公文集》和北宋各书关于谱主的资料,都搜辑下来,严密的考订一番,详细的记述成书。我们看了,才知道做《宋史》的人太偏袒王安石的敌党了,把王安石许多重要的事迹都删削了,单看见他的片面,而且还不免有故入人罪的地方。像这种年谱,实有赖于考订。倘无考订的工夫,冒昧的依从旧有的记载,那么,古人含冤莫白的,不知有多少了。但蔡上翔的《王荆公年谱》似乎不免超过了考订的范围,有许多替王安石辩护的话,同时写在考订的话之后;辩护虽很不错,却和考订的性质有点不同了。

总结上面四种年谱种类说几句话,就是我们要想做年谱先要打定主意,想做的是那一种,是创作的呢,还是改作的? 是独立的呢,还是附见的? 是平叙的呢,还是考订的? 主意定了,才可以动手。

乙　年谱的体例

接着的便是年谱的体例问题,我们须得讲个清楚,使学者知道年谱怎样做法。

(一)关于记载时事——谱主的背景

世上没有遗世独立的人,也就没有不记时事的年谱。伟大的人,常常创造大事业,事业影响到当时人生,当然不能不记在那人的年谱上。就是活动力很小的人,不能创造大事业,而别人新创造的事业,常常影响到他身上,那么,时事也应占他年谱的一部分。不过谱主的趋向既各不同,年谱纪载时事,自然也跟著有详有简。详简的标准,我们须得说一说:

譬如陈白沙是荒僻小县的学者(我的乡先辈),不曾做过教学以外的事业;生平足迹,只到过广州一次,北京两次;生的时世又很太平:简直可以说他和时事没有直接的关系。倘使替他做年谱,时事当然少记。又如钱竹汀的科名虽然不小,但只做了几年闲散的京官,并没有建设什么功业,到了中年,便致仕回里,教书至死,生的时世也很太平。我们要想把时事多记些上他的年谱,也苦于无法安插。又如白香山的诗,虽很有些记载社会状况的,生的时世虽很纷乱,但他不曾跑进政局,和时事还没有直接关系,不过总算受了时事的影响。倘使我们替他做年谱,时事自然可以记载些。像这类纯粹的学者、文人,和时代的关系比较的少,替他们做年谱,要纪载时事,应该很简切,假使看见旁人的年谱记时事很详,也跟样,那可错了。

反面说,学者,文人,也有根本拿时代做立脚点的。例如顾亭林,虽然少做政治活动,而他的生涯完全受政治的影响,他的一言一动几乎都和时代有关系。假使他的年谱不记时事,不但不能了解他的全人格和学问,而且不能知道他说的话是什么意义。从晚明流寇纷起，满洲人入关得国，到明六王次第灭亡，事事都激动他的心灵，终究成就了他的学问。像这类人虽然没有做政治活动，他的年谱也应该记载时事，而且须记详细些。若谱主正是政治家、当轴者，那更不用说，无论是由他创造的事业，或是有影响于他身上的时事，都应该很详细的记入他的年谱。

有一种文人，和当时的政事有密切关系。假使他的年谱不记时事，我们竟无法看懂他的著作，认识他的价值，而时事亦即因此湮没不少。例如一般人称杜甫的诗为诗史，常常以史注诗，而不知诗里便有许多史册未记的事。又如顾亭林的诗，影射时事的也不少，其中有一首，记郑成功、张煌言北伐至南京的一事，说张煌言曾与李定国定期出兵，因路远失期，以致败走。假使《顾亭林年谱》不记时事，怎么知道这诗所说何事？即使知道了郑、张北伐的事，不端详诗句的隐义，也会湮没了张、李相约的轶闻。所以谱主的著作，和年谱对看，常有相资相益之处；而年谱记载时事，也因此益觉重要。

大概替一人做年谱，先须细察其人，受了时事的影响多大？其人创造或参与的时事有几？标准定了，然后记载才可适宜。

曾国藩是咸丰、同治间政局唯一的中心人物，他的年谱记载时事应该很详细。除了谱主直接做的事情以外，清廷的措施，偏将的胜负，敌方的因应，民心的向背，在在都和谱主有密切的关系，如不一一搜罗叙述，何以见得谱主立功的困难和原因？我们看李瀚章做的《曾文正公年谱》，实在不能满足我们这种欲望。因为他只叙谱主本身的命令举动，只叙清廷指挥擢黜谕旨，其余一切，只有带叙，从不专提。使得我们看了，好像从墙隙中观墙外的争斗，不知他们为什么有胜有负！虽然篇幅有十二卷之多，实际上还不够用。倘然有人高兴改做，倒是很好的事情；但千万别忘记旧谱的短处，最要详尽的搜辑太平天国的一切大事，同时要人的相互关系，把当时的背景写个明白，才了解曾国藩的全体如何。

假如要做李鸿章的年谱，尤其要紧的是要把背景的范围扩大到世界各强国。因为李鸿章最初立功，就因利用外交，得了外国的帮助，才和曾国藩打平太平天国。假使不明白各国对太平天国的态度，如何知道他们成功的原因。后来他当了外交的要冲，经过几次的国际战争，缔结几次的国际条约，声名达于世界。他诚然不善于外交，丧失了国家许多权利；但我们要了解他为什么失败？为什么事事受制于人？除了明白中国的积弱情形以外，尤其需要明白世界的大势。因为十九世纪之末，自然科学发达的结果，生产过剩，欧洲各国都拼命往东方找殖民地和市场，非、澳二洲和亚洲南西北三部，都入了白人的掌握，所以各国的眼光，都集中到中国。那时世界又刚好出了几个怪杰，德国的俾斯麦，俄国的亚历山大，日本的明治帝，一个个都运用他们的巨腕，和中国交涉，而首当其冲者是李鸿章。假使世界大势不是如此，李鸿章也许可以做个安分守己的大臣。所以我们要了解李鸿章的全体，非明白他的背景不可；而且背景非扩充到世界不可。这种责任，不是专传的责任，非年谱出来担负不可。

实际的政治家，在政治上做了许多事业，是功是罪，后人自有种种不同的批评。我们史家不必问他的功罪，只须把他活动的经历，设施的实况，很详细而具体的记载下来，便已是尽了我们的责任。譬如王安石变法，同时许多人都攻他的新法要不得，我们不必问谁是谁非，但把新法的内容，和行新法以后的影响，并把王安石用意的诚挚和用人的茫昧，一一翔实的叙述，读者自然能明白王安石和新法的好坏，不致附和别人的批评。最可笑的是《宋史·王安石传》：他不能写出王安石和新法的真相，只记述些新法的恶果和反对的呼声，使得后人个个都说王安石的不好。最可嘉的是蔡上翔《王荆公年谱》：他虽然为的是要替王安石辩护，却不是专拿空话奉承王安石。他只把从前旧法的种种条文，新法的种种条文，一款一款的分列，使得读者有个比较。他只把王安石所用的人的行为，攻击王安石的人的言论，一件一件的分列，使得读者明白不是变法的不好，乃是用人的不好。像这样，才是史家的态度。做政治家的年谱，对于时事的叙述，便应该这样才对。

上面几段讲的是纯粹政治家的年谱做法，此外还有一种政治兼学问，学问兼政治的人，我们若替他做年谱，对于时事的记载，或许可以简略点，但须斟酌。譬如王阳明是一个大学者，和时事的关系也不浅。但因为他的学问的光芒太大，直把功业盖住了，所以时事较不为做他的年谱者所重。其实我们为了解他成功的原因起见，固然不能不说明白他的学问；为了解他治学的方法起见，也不能不记清楚他的功业。因为他的学问就是从功业中得来，而他的功业也从他的学问做出，二者有相互的关系。所以他的年谱，对于当时大事和他自己做出的事业，都得斟酌著录。

《钱竹汀年谱》，颇能令人满意。因为钱竹汀和时事没有多大关系，所以年谱记时事很简，自然没有什么不对。王懋竑的《朱子年谱》记时事却太详细了。朱子虽然做了许多官，但除了弹劾韩侂胄一事之外,没有做出什么大事,也没有受时事的大影响。所以有许多奏疏也实在不必枉费笔墨记载上去,因为大半是照例,和时局无关系。这种介在可详可略之间,最须费斟酌;稍为失中,便不对。

文学家和时势的关系,有浓有淡。须要依照浓淡来定记时事的详略,这是年谱学的原则。但有时不依原则,也有别的用处。譬如凌廷堪、张穆的《元遗山年谱》,记载时事很详,其实元遗山和时事并没有多大关系,本来不必这样详;凌、张以为读元遗山的诗和读杜甫的诗一样,非了解时事则不能了解诗,其实错了。但从别一方面看,金、元之间,正史简陋的很,凌、张以元遗山做中心,从诗句里钩出许多湮沉的史料,放在年谱内,虽然不合原则,倒也有一种好处。

不善体会上面说的详略原则,有时会生出过详过略的毛病。譬如张尔田的《玉谿生年谱笺注》记载时事极为详尽,只因他的看法不同。他以为李义山做诗全有寄托,都不是无所为而为,这实不能得我们的赞成。诚然,人们生于乱世,免不了有些身世之感,张氏的看法,也有相当的价值。但是我们细看李义山的诗,实在有许多是纯文学的作品,并非有所感触,有所寄托。张氏的笺注时事,不免有许多穿凿附会的地方。

我们应该观察谱主是怎样的人? 和时事有何等的关系? 才可以定年谱里时事的成分和种类。不但须注意多少详略的调剂,而且须注意大小轻重的叙述。总期恰乎其当,使读者不嫌繁赘而又无遗憾,那就好了。

(二)关于记载当时的人

个人是全社会的一员;个人的行动,不能离社会而独立。我们要看一个人的价值,不能不注意和他有关系的人。年谱由家谱变成,一般人做年谱,也很注意谱主的家族。家族以外、师友、生徒、亲故都不为做年谱的人所注意。这实在是一般年谱的缺点。比较最好的是冯辰的《李恕谷年谱》。因为他根据的是李恕谷的《日谱》,所以对于李恕谷所交往的人都有记载。我们看了,一面可以知道李恕谷成就学问的原因,一面可以知道颜、李学派发展的状况,实在令人满意。《曾文正公年谱》可不行。因为曾国藩的关系人太多,作者的眼光只知集中到直接有关系的人,自然不足以见曾国藩的伟大。

翻回来,再看《王阳明年谱》。我们因为王阳明的学问和他的朋友门生有分不开的关系,所以很想知道那些朋友门生某年生,某年才见王阳明,往后成就如何。钱德洪等做年谱,只把所闻所知的记了一点,却忽略了大多数,实在令我们失望。王懋竑的《朱子年谱》也是一样。朱熹到底有多少门生?他所造就的人才后来如何?我们全不能在上面知道。像朱、王这类以造就人才为事业的人,我们替他们做年谱,对于他们的门生、属吏、友朋、亲故,应该特别注意;记载那些人的事迹,愈详愈好。

寻常的年谱,纪载别人的事迹,总是以其与谱主有直接的关系为主(如诗文的赠答,会面的酬酢);若无直接的关系,人事虽大,也不入格:其实不对。例如《朱子年谱》记了吕伯恭、张南轩、陆梭山的死,只因朱子做了祭文祭他们。陆象山死在何年,上面便查不出,只因朱子不曾做祭文祭他。作者的观念以为和谱主没有直接的关系,便不应该记;其实年谱的体裁并不应该这样拘束。张、吕、二陆都是当时讲学的大师,说起和朱子的关系,最密切的还是陆象山。但我们竟不能在《朱子年谱》看到陆象山的死年,这是何等的遗憾!

从年谱的历史看,明朝以前,记时人较略;清中叶以后渐渐较详了。张穆的《顾亭林年谱》便是一个例证。王文诰的《苏东坡年谱》又更好一点,凡苏诗苏文所提到的人都有,而且略有考证。近时胡适的《章实斋年谱》,记事固然有些错误,记人却还好。他除了零碎的记了谱主师友的事迹以外,单提出戴震、袁枚、汪中三个可以代表当时思想家的人,来和谱主比较;就在各人卒年,摘述谱主批评各人的话,而再加以批评。批评虽不是年谱的正轨,但可旁衬出谱主在当时的地位,总算年谱的新法门。

老实说,从前做年谱,太过拘束了。谱主文集没有提起的人,虽曾和谱主交往而不知年分的人,都不曾占得年谱的篇幅。我们现在尽可用三种体裁来调剂:和谱主关系最密切的,可以替他做一篇小传;和谱主有关系而事迹不多的,可各随他的性质,汇集分类,做一种人名别录;姓名可考,事迹无闻,而曾和谱主交际的,可以分别做人名索引。凡是替大学者大政治家做年谱,非有这三种体裁附在后面不可。

好像《史记》做了《孔子世家》之后又做《仲尼弟子列传》,列传后面有许多人都只有姓名而无事迹,但司马迁不因他们无事迹而灭其姓名。朱熹、王守仁的弟子可考的尚不少,我们从各文集和史书学案里常常有所发现,若抄辑下来,用上面三种体裁做好,附在他们年谱后面,也可以弥补缺憾不少。

我自己做《朱舜水年谱》,把和朱舜水交往的人都记得很详细。

那些人名,日本人听得烂熟,中国却很面生。因为朱舜水是开创日本近二百年文化的人,当时就已造就人才不少。我们要了解他的影响的大,须看他的朋友弟子跟著他活动的情形。虽然那些人的史料很缺乏,但我仍很想努力搜求,预备替他们做些小传。像朱舜水一类的人,专以造就人才为目的,虽然所造就的是外国人,但和我们仍有密切的关系,在他年谱记当时人,当然愈详愈好。

(三)关于记载文章

记载谱主文章的标准,要看年谱体裁是独立的,还是附见的。附见文集的年谱,不应载文章。独立成书的年谱,非载重要的文章不可。重要不重要之间,又很成问题。

《王阳明年谱》关于这点,比较的令人满意。因为他虽在文集中而已预备独立。有关功业的奏疏,发挥学术的信札,很扼要的采入各年。独立的年谱很可拿此谱做记载文章的标准。

王懋竑的《朱子年谱》不录正式的著作,而录了许多奏疏、序跋、书札。政治非朱子所长,政治的文章却太多;学术是朱子所重,学术的文章却太少。在王懋竑的意思,以为把学术的文章放在年谱后的《论学切要语》中便已够了,不必多录。《论学切要语》的编法,固然不错,但没有注清楚做文的年分,使得读者不知孰先孰后,看不出思想迁流的状态,不如把论学的文章放入年谱还更好。《性理大全》、《朱子全集》都依文章的性质分类,没有先后的次序。王阳明编《朱子晚年定论》,说朱子晚年的见解和陆子一致,已开出以年分的先后看思想的迁流一条大路来。虽然王阳明所认为朱子晚年的作品,也有些不是晚年的,但大致尚不差。王懋竑攻击王阳明的不是,却不曾拿出健全的反证来。《朱子年谱》载的文章虽不少,但还不能详尽,总算一件缺憾。

记载文章的体例,《顾亭林年谱》最好。整篇的文章并没有采录多少,却在每年叙事既完之后,附载那年所做诗文的篇目。文集没有,别处已见的遗篇逸文,知道是那一年的,也记录出来。文体既很简洁,又使读者得依目录而知文章的先后,看文集时,有莫大的方便。这种方法,很可仿用。篇目太多,不能分列,各年之下,可另作一表,附在年谱后。

文学家的方面不止一种,作品也不一律,替文学家做年谱的人不应偏取一方面的作品。像《苏东坡年谱》只载诗文的篇目,没有一语提到词,便是不对。作者以为词是小道,不应入年谱。其实苏东坡的作品,词占第一位,诗文还比不上。即使说词不如诗文,也应该平等的纪载篇目,或摘录佳篇。现行的苏东坡年谱不纪及词,实在是一大缺点。

曾国藩是事业家,但他的文章也很好。即便他没有事业,单有文章,也可以入文苑传。我们很希望他的年谱,纪载他的文章诗句,或诗文的篇目。现行的《曾文正公年谱》,我嫌他载官样的文章太多,载信札和别的文章太少。好文章尽多著,如《李恕谷墓志铭》、《昭忠词记》等,应该多录,却未注意。

纯文学家的年谱只能录作品的目录,不能详录作品,最多也只能摘最好的作品记载一二。若录多了就变成集子,不是年谱的体裁了。《玉谿生年谱笺注》录了许多诗篇,作者以为那些诗都和谱主的生活有关,不能不录全文。结果,名为年谱,实际成了编年体的诗注。就算做得很好,也只是年谱的别裁,不是年谱的正格。有志做年谱的人们,还是审慎点好。

(四)关于考证

当然有许多年谱不必要考证,或是子孙替父祖做,或是门生替师长做,亲见亲闻的事原无多大的疑误。如王阳明、颜习斋、李恕谷等年谱都属此类。不过常常有作者和谱主相差的时代太久,不能不费考证的工夫的;又有因前人做的年谱错了而改做的,也不能不有考证的明文。

考证的工夫本来是任何年谱所不免的,但有的可以不必写出考证的明文,只写出考证的结果便已足。若为使人明白所以然起见,却很有写出考证的明文的必要。所以明文应该摆在什么地方,很值得我们考虑。

据王懋竑《朱子年谱》的办法,在年谱之外另做一部《考异》,说明白某事为什么摆在某年,两种传说,那种是真。年谱的正文,并不隔杂一句题外的话,看起来倒很方便。还有一种很普通的办法,把考证的话附在正文中,或用夹注,或低二格。另有一种办法,把前人做的年谱原文照抄,遇有错误处则加按语说明,好像札记体一样。张穆对于《元遗山年谱》便是用的第三种。

前面三种办法,各有好处。第一种,因为考证之文太多,令人看去,觉得厌倦,所以另成一书,既可备参考,又可省读年谱者的精神。第二种,可使读者当时即知某事的异说和去取的由来,免得另看《考异》的麻烦。两种都可用。大概考证多的,可另作《考异》,不十分多的,可用夹注,或低格的附文。但其中也有点例外。有些年谱,根本就靠考证才成立,无论是创作或改作,他的考证虽很繁杂,也不能不分列在年谱各年之下。如作《孟子年谱》,年代便很难确定。如果要定某事在某年,便不能离本文而另作考异,必同时写出考证的明文,说明为什么如此叙述,才不惹人疑惑。而后本文才可成立。假如孟子先到齐或先到梁的问题,没有解决,许多事情便不能安插,全部组织便无从成立。经过了考证,把问题解决了,若不把考证随写在下,便不能得读者的信仰。又如我做陶渊明的年谱,把他的年纪缩短,生年移后,和历来的说法都不同。假使不是考证清楚了,何必要改作? 考证清楚了,若不开头说个明白,读者谁不丢开不看? 像这类自然不能另作考异,亦不能作夹注,只好低二格附在各年本文之后。至于第三种也有他的好处,因为前人做的不十分错,原无改作的必要,为省麻烦起见,随时发现错误,随时考证一番,加上按语,那便够了。

大概考证的工夫,年代愈古愈重要。替近代人如曾国藩之类做年谱,用不着多少考证,乃至替清初人如顾炎武之类做年谱,亦不要多有考证,但随事说明几句便是。或详或略之间,随作者针对事实之大小而决定,本来不拘一格的。

(五)关于批评

本来做历史的正则,无论那一门,都应据事直书,不必多下批评;一定要下批评,已是第二流的脚色。譬如做传,但描写这个人的真相,不下一句断语,而能令读者自然了解这个人地位或价值,那才算是史才。

做传如此,做年谱也如此。真是著述名家,都应守此正则。有时为读者的方便起见,或对于谱主有特别的看法,批评几句也不要紧。但一般人每乱用批评,在年谱家比较的还少。现在拿两部有批评的年谱来讲,一是蔡上翔的《王荆公年谱》,一是胡适之的《章实斋年谱》。

与其用自己的批评,不如用前人的批评。年谱家常常如此,但亦不能严守此例。蔡上翔引人的话很多,用自己的话尤其多。胡适之有好几处对旧说下批评。固然各人有各人的见解,但我总觉得不对,而且不是做年谱的正轨。蔡上翔为的是打官司,替王安石辩护,要驳正旧说的诬蔑,也许可邀我们的原谅。但批评的字句应该和本文分开,不该插入纪事的中间。蔡、胡都没有顾及这点,以文章的结构论,很不纯粹。如果他们把自己的见解,做成叙文,或做附录,专门批评谱主的一切,那么,纵使篇幅多到和年谱相等,也不相妨了。

蔡上翔替王安石辩护的意思固然很好,但是他的作品却不大高明。他把别人骂王安石的文章录上了,随即便大发议论,说别人的不对,这实在不是方法。我以为最好是详尽的叙述新法的内容,某年行某法,某年发生什么影响,某年惹起某人的攻击,便够了。自己对于攻击者的反驳,尽可作为附录,不可插入本文。凡是替大学者政治家做年谱,认为有做批评的必要时,都应该遵守这个原则。

(六)关于附录

上面讲的考证和批评,我都主张放在附录里面。其实附录不止这两种,凡是不能放进年谱正文的资料,都可占附录的一部分。

要知道谱主的全体,单从生年叙到死年还不够。他生前的家况,先世的系统,父母兄弟的行事……与其旁文斜出,分在各年下,不如在正谱之前,作一个世谱。《王阳明年谱》的《世德纪》便是世谱的一种格式。因为王阳明的父祖都是有名的学者,做官也做到很大,年寿又高,并不是死在王阳明的生前。假使把他们的行事,插入年谱,一定觉得累赘。所以作者抄录别人替他们做的传和墓志铭在一处,作为年谱的附录。虽然《世德纪》里面,载了不少非世德的文章,有点名不副实;但这种不把附录当正文的方法,总是可取。譬如陆象山几兄弟都是大学者,互相师友。假使我们做陆象山的年谱,其关于他的兄弟行事,与其插入正文,不如另做小传放在前面。这种世谱和小传之类我们也可叫做"谱前"。

谱主死后,一般的年谱,多半就没有记载了,其实不对。固然有些人死后绝无影响,但无影响的人,我们何必给他做年谱呢?即使说没有影响吧,也总有门生子侄之类后来做了什么事,那也总不能摆在年谱正文中。若谱主是政治家,他的政治影响一定不致跟他的生命而停止。若谱主是大学者,他的学风一定不致跟他的生命而衰歇。还有一种人,生前偏和时势没有关系,死后若干年却发生何等的影响。所以如果年谱自谱主死后便无什么记载,一定看不出谱主的全体,因而贬损年谱本身的价值。钱德洪等似乎很明白这点,他们的《王阳明年谱》在谱主死后还有二卷之多。阳明学派的盛行,全是阳明弟子的努力。阳明的得谥和从祀孔庙,也靠许多友生的恳求。假使年谱不载阳明死后事,如何见得阳明的伟大?《阳明年谱》能称佳作,这也是一个原因。但他不应仍称死后事为年谱,应该称做"谱后",做为附录的一种才对。

我们根据这点去看王懋竑的《朱子年谱》,便很不满意;因为他叙到朱子死年,便停止了;我们要想知道朱子学派的发达,学术的影响,是不可能的。同一理由,假使我们做《释伽牟尼年谱》,尤其要很用心的做谱后。凡是佛教各派的分化,传播,变迁,反响,都不妨择要叙入;不必年年有,不必怕篇幅多,甚至纪载到最近,也没有什么不可以。

在上面的原则中也似乎有例外。譬如《曾文正年谱》没有谱后便没有什么要紧,因为他的事业,生前都做完了,政治上的设施也没有极大的影响。纵使有谱后,也不妨简略些。若做《胡文忠年谱》便不然。因为他和曾文正联结许多同志,想灭亡太平天国,没有成功就死了。后来那些同志卒能成他之志。同志的成功,也就是他的成功。所以他的年谱谱后至少要记到克复江宁。

我做《朱舜水年谱》,在他死后还记了若干条,那是万不可少的。他是明朝的遗臣,一心想驱逐满清,后半世寄住日本,死在日本。他曾数说过,满人不出关,他的灵柩不愿回中国。他自己制好耐久不朽的灵柩,预备将来可以搬回中国。果然那灵柩的生命比满清还长,至今尚在日本,假使我们要去搬回来,也算偿了他的志愿哩!我看清了这点,所以在年谱后,记了太平天国的起灭,和辛亥革命,宣统帝逊位。因为到了清朝覆灭,朱舜水的志愿才算偿了。假如这年谱在清朝做,是做不完的。假如年谱没有谱后,是不能成佳作的。

此外有一种附录可以称做"杂事"的,是刘伯绳著《刘蕺山年谱》所创造的,后来焦廷琥的《焦理堂年谱》也仿做。刘伯绳因为谱主有许多事迹不能以年分,或不知在那一年,如普通有规则的行事,琐屑而足显真性的言论等,都汇辑做附录。邵廷采批评他,拿本文纪大德敦化的事,附录纪小德川流的事,真是毫无遗憾。从前的年谱遇著无年可归的事,不是丢开不录,便是勉强纳在某年。结果,不是隐没谱主的真相,便是不合年谱的体裁。刘伯绳却能打破这种毛病,注意前人所不注意的地方,创造新法来容纳谱主的杂事,使得读者既明白谱主的大体,又了解谱主的小节。这种体裁,无论何人的年谱都可适用。

其次,谱主的文章和嘉言懿行也可作附录。文章言论很简单的,可以分列各年;很繁多的,可以抄辑做附录,大学者的文章言论,常常不是年谱所能尽载的,为求年谱的简明起见,非别作附录不可。所以王懋竑在《朱子年谱》之后附了《朱子论学切要语》,这种方法可以通用。

张穆做《顾亭林年谱》虽然很好,我们却看不出顾亭林和旁人不同之处何在,只因他要读者先看了本集再看年谱,所以没有附录谱主的重要文章和言论。其实读者那能都看本集,或许时间不够,或许财力不足,若能单看年谱便了解谱主生平,岂不更好? 所以为便利读者起见,作年谱必附录谱主的主要文章和言论,尤其是学者的年谱。

批评方面的话,或入本文,或附谱末,均无不可。但为年谱的简明起见,自然以作附录为好。伟大的人物,每惹起后人的批评,或褒或贬,愈伟大的愈多,如王安石、王守仁死了千数百年,至今还有人批评他们的好歹。倘使批评者确有特殊的见解，或能代表一部分人的意思，我们非附录他的话不可。因为若不附录批评，不但不能看出后人对谱主的感想，而且不足以见谱主的伟大。但有一点不可不注意，千万不要偏重一方面的批评，单录褒或单录贬。

以上讲的种种附录，当然不能说详尽。作者若明白年谱可多作附录的原则，尽可创造新的体裁。附录愈多，年谱愈干净。

从前作年谱太呆，单靠本文，想包括一切。前清中叶以后，著述的技术渐渐进步，关于上文讲的六种——纪载的时事，时人，文章，和考证，批评，附录——都有新的发明。我们参合前人的发明，再加研究，还可以创造种种的新体例，新方法。

丙　年谱的格式

年谱的格式也得附带的讲一讲。司马迁做年表，本来参照《周谱》的旁行斜上。《周谱》今不可见，《史记》年表是有纵横的格子的，年谱由年表变来；因为有时一年的事太多，一个格子不够用，所以才索性不要格子。替古人做年谱，因为事少的原故，还是用格子好。如孙诒让作《墨子年表》，附在《墨子间诂》之后；苏舆作《董仲舒年表》，附在《春秋繁露》之前：都带有年谱的性质。

假使要作《孟子年谱》，因为当时有关系的不止一国，势不能不用格子。横格第一层记西历纪元前几年或民国纪元前几年，第二层记孟子几岁，第三层记孟子直接的活动，第四层以下各层分记邹、鲁、滕、梁、齐、燕各国和孟子有关的时事，使得读者一目了然。

假使《杜甫年谱》,最少也要把时事和他的诗和他的活动分占一格,并起年代共有五格。因为杜甫时事,和曾国藩时事不同。曾国藩的活动和时事并成一片,杜甫的活动,只受时事的影响,所以一个的年谱不应分格,一个的应分格。假使《杜甫年谱》不分格,不但读者看了不清楚,而且体裁上也有喧宾夺主之嫌。

假使我们要改张穆的《顾亭林年谱》成年表的格式,也许可以较清楚些。除了年代以外,一格记时事,一格记直接活动,一格记朋友有关的活动,一格记诗文目录。因为这四种在这年谱中刚好是同样的多,并做一起,反为看不清楚。

所以年谱可以分格的人有二种:一种是古代事迹很简单的人,一种是杜甫、顾炎武、朱之瑜一类关心时事的人。前者不必论,因为他本身不能独立成一年谱,只好年表似的附在别书里。后者因为谱主只受了政治的影响,没有创造政治的事实。倘把时事和他的活动混合,一定两败俱伤;倘分开,既可醒读者的眼目,又可表现谱主受了时事的影响。——这是讲年谱分格的格式。

第二种格式就是最通行的年谱正格,做文章似的,一年一年做下去。叙事的体例可分二种,一种是最简单的平叙体,一种是稍严格的纲目体。

平叙体以一年为单位,第一行顶格,写某朝某年号某年谱主几岁。第二行以下都低一格,分段写谱主的直接活动,时事,诗文目录。他的好处,在有一事便记一事,没有取大略小的毛病。

纲目体是《王阳明年谱》首创的,第一行和平叙体相同,第二行也低一格,标一个很大的纲,第三行以下低二格,记这个纲所涵的细目。譬如纲记了某月某日宸濠反，目便记宸濠造反的详情；纲记了是年始揭知行合一之教，目便记知行合一的意义。一事完了，又重新作别事的纲，继续记别事的目，也分别低一格二格。这种体例有一种困难，到底要多大的事情才可作纲？有纲无目，有目无纲，可以不可以？很要费斟酌。弄的不好，容易专记大事，忽略小事。假使大事小事都有纲有目，又不相称。但我仍主张用这体，使得读者较容易清楚；但作者须用心斟酌。

此外假使有一种人，有作年谱的必要，而年代不能确定，无法做很齐整的年谱，就可以作变体的。如司马迁很值得做年谱，而某年生，有几十岁，绝对的考不出。只有些事迹还可考知是某年做的，某事在先，某事在后，虽然不能完全知道他的生平，记出来也比没有较好。王国维的《太史公系年考略》便是如此。

像司马迁一类的人很多。文学家如辛弃疾、姜夔都没有正确完整的遗事。辛弃疾的史料还可勉强考出。对于姜夔可没有办法。但是他们的词集中，有不少的零碎事迹，钩稽出来，也略可推定先后。这种人的年谱，虽然做起来无首无尾，也还可借以看他生平的一部分。所以变体的年谱也不可废。

还有一种合谱，前人没有这样做过。合传的范围可以很广，事业时代都可不必相同，所以前人已经做过很多。年谱若合二人的生平在一书内，最少也要二人的时代相同。我们看，从前有许多人同在一个环境，同做一种事业，与其替他们各做一部年谱，不如并成一部，可以省了许多笔墨，和读者的精神。譬如王安石、司马光年纪只差一岁，都是政党的领袖。皇帝同是这一个，百姓同是这一些,敌国同是金、夏,官职同是最高。不过政治上的主张不同,所以一进一退,演成新派旧派之争。我们若拿他二人做谱主,尽搜两党的活动事迹,在一部年谱之内,看了何等明了,何等畅快。从前作者不会想到这种体裁,所以蔡上翔只做《王荆公年谱》,顾栋高只做《司马温公年谱》,我们仍旧只能得片面的知识。

凡同在一时代,大家是朋友,讲求学术,见解不同,生出数家派别。如南宋的朱熹、陆九渊、张栻、吕祖谦、陈亮等,我们若做一部合谱,一来,可以包括一时的学界情形;二来,公平的叙述,不致有所偏袒;三来,时事时人免得做数次的记载:这是最有趣味,最合方法的事情。

就说不是学术界罢。曾国藩、胡林翼同是从军事上想灭太平天国的人,虽然一个成功,一个早死,也可以替他们合做年谱。因为他们的志愿相同,环境相同,朋友相同,敌人相同,合做一年谱比分做方便多了。

就说不曾共事,不是朋友罢,也未尝不可合做年谱。譬如顾炎武、王夫之、黄宗羲、朱之瑜等或曾见面,或未知名,虽然不是亲密的朋友,虽然不曾协力做一事,但是不愿投降满清的志愿和行事是没有一个不同的。他们的年纪都是不相上下,都因无力恢复明室,想从学术下手,挽救人心。我们若替他们合做年谱,不但可以省了记载时事的笔墨,而且可以表现当时同一的学风,可以格外的了解他们的人格。

上面所举朱、陆、张、吕、陈一例,曾、胡一例,顾、王、黄、朱一例,做起合谱来,最有趣味。他们的事业在历史上都是最有精彩的一页，所以他们的合谱也是最有精彩的年谱。他们的见解相反的足以相成，他们的志愿相同的竟能如愿，他们的足迹不相接的却造出同一的学风。百世之下，读他们的合谱的还可以兴起特别的感想，领受莫大的神益。这样，合谱的功效比单人的年谱还更高些。——以上讲年谱的格式完了。

丁　做年谱的益处

研究历史的人在没有做历史之先，想训练自己做史的本领，最好是找一二古人的年谱来做。做年谱的好处最少有三种：

第一，我们心里总有一二古人，值得崇拜或模范的。无论是学者，文人，或政治家，他总有他的成功的原因，经过，和结果。我们想从他的遗文或记他的史籍，在凌乱浩瀚中得亲切的了解，系统的认识，是不容易的。倘使下一番工夫替他做年谱，那么，对于他一生的环境、背景、事迹、著作、性情等可以整个的看出，毫无遗憾。从这上，又可以得深微的感动，不知不觉的发扬志气，向上努力。

第二，做年谱不是很容易的事情，但我们可借来修养做学问的性情，可用来训练做历史的方法。我们才一动笔，便有许多复杂的问题跟著，想去解决，不是骤然可了的；解决不了，便觉干燥无味；稍不耐烦，便丢下不做了。倘使这几层难关都能够打通，则精细、忍耐、灵敏、勇敢，诸美德齐归作者身上；以后做别的学问，也有同样的成功了。谱主的事迹，不是罗列在一处的，我们必须从许多处去找；找来了，不是都可以用的，我们必须选择；择好了，不是都是真实的,我们必须辨别;辨清了,不是都有年代的,我们必须考证;考定了,不是可以随便写上去的,我们必须用简洁的文字按照法则去叙述。至于无年可考的事迹,言论,怎样去安排? 帮助正谱的图表,怎样去制造? 谱前应从何时说起? 谱后应到何时截止? 种种困难,都须想方法解决。倘使不能解决,便做不成年谱;倘使做成了年谱,以后做别的历史,便容易多了。

第三,年谱和传不同:做传不仅须要史学,还要有相当的文章技术;做年谱却有史学便够了。因为年谱分年,上年和下年不必连串;年谱分段,上段和下段不必连串;所以即使作者的文章并不优美,只要通顺,便绰绰有余了。

有志史学的人,请来尝试尝试罢!

第六章　专传的做法

　　专传在人物的专史里是最重要的一部分。历史所以演成,有二种不同的解释:一种是人物由环境产生,一种是人类的自由意志创造环境。前人总是说历史是伟大人物造成,近人总是说伟大人物是环境的胎儿。两说都有充分的理由而不能完全解释历史的成因。我们主张折衷两说:人物固然不能脱离环境的关系,而历史也未必不是人类自由意志所创造。历史上的伟大人物倘使换了一个环境,成就自然不同。无论何时何国的历史,倘使抽出最主要的人物,不知做成一个甚么样子。所以我们作史,对于伟大人物的自由意志和当时此地的环境都不可忽略或偏重偏轻。

中国人的中国史由那些人物造成?因为抽出他来,中国史立刻变换面目的人,约莫有多少?倘使我们做《中国通史》而用纪传体做一百篇传来包括全部历史,配做一传的人是那一百个?——我们如要答复这些问题,不能不有详细的讨论:

南宋郑樵似乎曾有伟大计划,以《通志》代替"十七史":但是没有成功,除了《二十略》以外,看的人便很少了。他为什么失败?只因他太不注意纪传了。我们翻《通志》的纪传看看,和"十七史"的有何分别,那里有点别识心裁?读者怎么不会"宁习本书,怠窥新录"?其实我们要做那种事业,并非不可能,只要用新体裁做传,传不必多而必须可以代表一部分文化,再做些图表来辅助,新史一定有很大的价值。

我常常发一种稀奇的思想,主张先把中国全部文化约莫分为三部:

(一)思想及其他学说

(二)政治及其他事业

(三)文学及其他艺术

以这三部包括全部文化,每部找几十个代表人,每人给他做一篇传。这些代表须有永久的价值,最少可代表一个时代的一种文化。三部虽分,精神仍要互相照顾。各传虽分,同类的仍要自成系统。这样,完全以人物做中心,若做的好,可以包括中国全部文化在一百篇传内。

这种方法也有缺点，就是恐怕有时找不出代表来：第一，上古的文化几乎没有人可以做代表的，因为都是许多人慢慢的开发出来。虽然古史留下不少的神话人物如黄帝、尧、舜、大禹、伊尹等，但都是口说中堆垛出来的，实在并不能代表一部分文化。所以我们要想在上古找几个人代表某种文化是绝对不可能的。第二，中古以后，常有种种文化是多数人的共业，多数人中没有一个领袖。譬如《诗经》是周朝许多无名氏的作品，在文化史上极有价值，但我们找不出一个可以做代表的人来。若因孔子曾删《诗》就举他做代表，未免太卤莽。又如《淮南子》是道家思想的结晶，在秦、汉文化中占有很重要的位置，但我们也找不出一个人做代表。若说是刘安编辑的书就举他做代表，也未免不明事理。所以我们对于这种许多人的共业真是不易叙述。

上段讲的缺点，第一种竟不能用人物传，只好参用文物的专史，做一篇《上古的文化》，叙述各种文化的最初状况。第二种却可用纪传史中《儒林传》、《文苑传》、《党锢传》的体裁，把许多人平等的叙述在一篇合传；如《诗经》不知作者姓名，则可分成若干类，既叫他"某类的作者"，合起多类便可成一传，便可包括此种文化。

我很希望做中国史的人有这种工作——以一百人代表全部文化，以专传体改造《通志》。试试看，一定有很大的趣味，而且给读者以最清楚的知识。这种做法并也没有多大奥妙，只把各部文化都分别归到百人身上，以一人做一代的中心，同时同类的事情和前后有关的事情都摆在一传内，一传常可包括数百年，我们即使不去改造《通志》，单做一部《百杰传》，也未尝不可。

说起这种体裁的好处，最少也有二种：第一，譬如哲学书或哲学史，不是专家看来，必难发生趣味。假使不做哲学史而做哲学家传，把深奥的道理杂在平常的事实中，读者一定不觉困难而且发生趣味。因为可以同时知道那时的许多事情，和这种哲学怎样的来历，发生怎样的结果，自然能够感觉哲学和人事的关系，增加不少的常识。哲学如此，旁的方面无不如此。专门人物普通化，专门知识普通化，可以唤起多数读者研究学问的精神，注重历史的观念。

第二，事业都是人做出来的。所以历史上有许多事体，用年代或地方或性质支配，都有讲不通的；若集中到一二人身上，用一条线贯串很散漫的事迹，读者一定容易理会。譬如鲜卑到中原的种种事实，编年体的《资治通鉴》不能使我们明了，《纪事本末》把整个的事团分成数部，也很难提挈鲜卑人全部的趋势。假使我们拿鲜卑人到中原以后发达到最高时的人物做代表——如魏孝文帝——替他做一篇传；凡是鲜卑民族最初的状况，侵入中国的经过，渐渐同化的趋势，孝文帝同化政策的厉行，以及最后的结果，都一齐收罗在内，就叫做《魏孝文帝传》；那么，读者若还不能得极明了的观念，我便不相信了。

我相信，用这种新的专传体裁做一百篇传，尽能包括中国全部文化的历史。现在姑且把值得我们替他做传的人开个目录出来，依文化的性质分为三部。但凭一时思想所及，自然不免有遗漏或不妥的地方，待将来修补罢！

（一）思想家及其他学术家

（1）先秦时代：孔子，墨子，孟子，庄子，荀子，韩非子。

为什么没有老子呢？因为老子带神话性太浓，司马迁已经没有法子同他做详确的传，我们还能够么？《老子》这部书在思想史上固然有相当位置，但不知是谁做的，我们只好摆在《庄子传》里附讲，因为他的思想和庄子相近。这种确是一个方法：书虽重要而未知作者，只好把他的思想归纳到同派之人身上，才不会遗漏。

(2)汉代：董仲舒，司马迁，王充。

西汉的《淮南子》虽是道家最重要的书，但非一人的作品，不能做专传，或者可以另做《道家合传》，或者可以附这种思想在《庄子传》后。

(3)三国、两晋、南北朝、隋。

这个时代，几乎没有伟大的中国思想家。魏王弼的思想似乎有点价值，但他的事迹很少，不够做传。隋代的《中说》倘使真是王通做的，在周、隋那种变乱时代有那种思想总算难能可贵。但其中大半是叙王通和隋唐阔人来往的事，阔人都是王通的门生，俨然孔门气象，其实都不可靠。假使这种话是王通说的，王通是个卑鄙荒谬的人。假使这种话是王通门人说谎，这部《中说》便根本没有价值。所以《中说》虽和思想界有点关系而王通还不值得做传。

(4)北宋：张载，程颢、程颐合。

专传也并不是很呆板的拿一人作主，也可平叙二人，参用合传的体裁。程颢、程颐是兄弟，有分不开的关系，又不能偏重一人，所以只好平叙。为什么北宋又没有周敦颐呢？周敦颐虽宋儒最推重的人，但他的《太极图说》是真是伪，在宋代已成问题，除了《太极图说》又没有旁的可讲，怎么能代表一种学派呢？

(5)南宋:朱熹,陆九渊,吕祖谦。

(6)明代:王守仁。

元代只衍宋儒的学说,没有特出的人才。明代的思想家委实不少,但因为王守仁太伟大了,前人的思想似乎替他打先锋,后人的思想都不能出他的范围,所以明代有他一个人的传便尽够包括全部思想界。

(7)清代:顾炎武,黄宗羲,朱之瑜,颜元,戴震,章学诚。

顾、黄是清代两种学风的开山祖师,或分做二传,或合为一传,都可以。朱之瑜的影响虽然不在中国,但以中国人而传播中国思想到日本,开发日本三百年来的文化,是很值得做专传的。

——以上列的思想家都是中国土产,若能够好好的替他们做传,很可以代表中国土产的思想。虽然各时代的人数有多有少,却并不是说人多的便是文化程度高,人少的便是文化程度低。一来呢,略古详今是历史上的原则;二来呢,有的时代,思想的派别太复杂了,不是人多不能代表。所以宋、清两代的人数比较的多,是无法可想的。明代虽只王守仁一人,却已尽够代表一代,并不是明代的文化比宋、清两代低。

骤然看来,似乎中间有几个时代,中国没有一个思想家,其实不然。上面的目录不过为叙述的方便起见,先开出土产的思想家来。其实还有重要的部分摆在后面,便是从印度来的佛家思想。当土产思想衰歇的时代,正是佛家思想昌盛的时代,如三国、两晋、南北朝、隋、唐都是。现在可以把那些时代的思想家列在下面:

(1)南北朝:鸠摩罗什,道安、慧远合。

鸠摩罗什是最初有系统的输入佛家思想的第一人。从前虽有些人翻译些佛经,但很杂乱零碎。到了他才能举严格的选择,完整的介绍。他的门弟子很多,都继续他的翻译事业。从此以后,中国人对于佛家思想才能够有真实的认识和研究。到了道安、慧远便能自己拿出心得来,一个在北朝,一个在南朝,又有师生的关系,所以非合传不可。我们拿鸠摩罗什代表翻译者,拿道安、慧远代表创造者,有这二传可以包括南北朝的佛家思想界。

(2)隋唐:智𫖮,玄奘,慧能,澄观,善道。

这五人中,玄奘完成输入印度佛家思想的伟业,余人创造中国的佛家思想。智𫖮是天台宗的始祖,慧能是禅宗的始祖,澄观是华严宗的始祖,善道是净土宗的始祖。同样,玄奘也是法相宗的始祖,不过后来不久就衰歇了。这几派的思想内容和后来状况都可在各始祖传内叙述。

——佛家思想有这八人做代表足以包括全部。在印度时的渊源如何,初入中国时的状况如何,中国人如何承受,如何消化,如何创造新的,如何分裂为几派,一直到现在怎么样,都分别归纳在这八人身上,谅必没有甚么遗憾了。

正式的思想家有上面所列的数十人似已够了。此外还有许多学术也可依性质分别,那些人做代表,合做几篇传;不过比较的难一些。

(1)经学:郑玄、许慎合。

(2)史学:刘知几、郑樵合。

为甚么章学诚不摆在史学家而在思想家呢? 因为他的思想确

乎可以自成一派,比史学的建树还更大,并不是单纯的史学家。刘知几、郑樵却不然,除了史学,别无可讲;史学界又没有比得他俩上的人:所以拿他们做史学家的代表。

(3)科学:秦九韶、李冶合,沈括、郭守敬合,梅文鼎、王锡阐合。

(4)考证学:钱大昕、王念孙合。

为甚么戴震不在考证学之列呢?因为他的思想很重要,和章学诚相同。

——正式的思想界较易举出代表,各种学术可不容易,尤其是自然科学,这里所举的未必都对,将来可以换改。

(二)政治家及其他事业家

(1)皇帝:秦始皇,汉武帝,东汉光武帝,魏武帝(曹操)、宋武帝合。北魏孝文帝,北周孝文帝附。唐太宗,元太祖,明太祖,明成祖附。清圣祖,清世宗、高宗附。

春秋战国以前的政治不统属于一尊,颇难以一传包括,纵使能够,也不是君主所能代表,况且当时没有皇帝?汉高祖虽然创立数百年基础,而政治上的规模完全还是秦始皇这一套,没有专做一传的价值。汉武帝却不同,确是另一个新时代。秦始皇是混一中国旧有民族的人,他是合并域外民族,开拓荒远土地的人。到了他那时代,中华民族涨到空前的最高潮,实在值得做一篇传。东汉光武帝在皇帝中最稀奇,简直是一个实际的政治家。魏武帝、宋武帝是混争时代的略有建树者,北魏孝文帝、北周孝文帝是五胡同化于中国的促成者,唐太宗是扩张中华民族威力的努力者。惟独宋代没有特色的皇帝,太祖、太宗、真宗、仁宗都只有庸德,无甚光彩。元太祖是蒙古民族的怪杰。他伸巨掌横亘欧、亚二洲,开世界空前绝后的局面。明太祖恢复中国,清圣祖等开拓蒙、回、藏:这些皇帝都可以代表一个时代。

(2)实际的政治家:周公,子产,商鞅,诸葛亮,王安石、司马光合,张居正,曾国藩、胡林翼合,李鸿章,孙文,蔡锷。

周公虽有许多事迹,却不全真,有待考证。但割弃疑伪部分,专取真实部分也可以够做一篇传。《尚书》里有《大诰》、《洛诰》、《多士》、《多方》是周公的遗政,《诗经》也有些,《仪礼》、《周礼》向来认做周公制定的,其实不然。周代开国的规模还可以从《左传》、《国语》得著些。近来王国维著《殷周制度论》,从甲骨文和东周制度推定某种制度是周公制定的,也可供我们取裁。所以周公的传还可以做,凡殷、周以前政治上的设施都可归并成一篇。

春秋时代很难找个政治家可以代表全部政治的。管仲似乎可以,而《管子》这书所载的政治有许多和《左传》不同。但那种贵族政治又不能不有专篇叙述,我说与其找管仲做代表,不如找子产更好。因为子产本身的事迹,《左传》叙的很明白详细;他虽然是小国的政治领袖,而和各大小国都有很深的关系,又是当时国际间的外交中心人物,所以我们很可以借他的传来叙述春秋时代的贵族政治。

从贵族政治到君主专制的政治是中国的一大改变,最初打破贵族政治创造君主专制的是商鞅。所以商鞅很值得做传。本来,要说君主专制政治的成功,还属李斯,似乎应该替李斯做传,但李斯的政策是跟商鞅走的,时代又和秦始皇相同,所以可把他的事业分给那二篇传。

汉朝真寒俭，没有一个政治家。宰相以下不曾见一个有政治思想或政治事业的人，萧何、曹参都只配做李斯的长班。好在有二个伟大的皇帝，尤其是光武帝的稳健政治，简直没有别的皇帝可以比配得上。

两晋、南北朝、隋、唐也没有政治家，王猛可以算一个，而他的政治生命太短，又不能做当时政治的中心。

大概有伟大的皇帝就没有出色的臣下。譬如房玄龄、杜如晦总算有点设施，却被唐太宗的光芒盖住，不能做时代的中心。唐朝一代的政治本来很糟，姚崇、宋璟、裴度、李德裕都算不了什么。宋朝却刚好相反，皇帝不行，臣下却有很鲜明的两个政党，两党的领袖就是王安石、司马光，所以我们替王安石、司马光做合传，足以包括宋朝的政治。

明代有种特点，思想家只有一王守仁，事业家只有一明太祖，政治家只有一张居正。

清代前半，有皇帝，无名臣，道光以后，有大臣，无英主。曾国藩打平内乱，李鸿章迭主外交，都可以代表一部分政治。

民国的酝酿，成立，纷乱，没有几次和孙文无关系。现在孙文虽死，而他所组织的国民党仍旧是政治的中心。所以近代政治可以归纳在《孙文传》内。中间有一部分和他无关，可以做《蔡锷传》来包括。但蔡锷做时代中心的时期太短，不十分够。

——上面讲的都是关系全局的政治或事业家。此外有些虽不是拿全局活动而后来在政治上有很大影响的，如：

郑成功、张煌言。

二人支持晚明残局,抵抗外来民族,和后来的辛亥革命有密切的关系。我们可以替他们做合传,包括明清之间的民族竞争。

(3)群众政治运动的领袖:陈东、张溥合。

东汉党锢是群众政治运动的嚆矢,但很难举出代表来,可以放在《陈东张溥合传》前头。陈东代表宋朝,张溥代表明朝,足以表现数千年群众的政治运动。

(4)民族向外发展的领袖:张骞、班超合,王玄策、郑和合。

张、班、王都是通西域的,郑和是下南洋的,关系民族发展甚大。后来无数华侨繁殖国外,东西文化交换无阻,西北拓地数十万方里,都是受他们的赐。此外,如卫青、霍去病、史万岁、李靖的战功本来也值得做传,不过卫、霍可入《汉武帝传》,史、李可入《唐太宗传》,无须另做。

(三)文学家及其他艺术家

最古的文学家应推《诗》三百篇的作者,但我们竟不能找出一个作者的姓名来。战国作《离骚》等篇的屈原,确乎是有名的第一个文学家,但他的事迹不多,真实的尤少。我们为方便起见,不能不勉强的做篇《屈原传》以归纳上古文学。所以

(1)文学:

　　战国:屈原。

　　汉赋:司马相如。

　　三国五言诗:曹植,建安余六子附。

　　六朝五言诗:陶潜、谢灵运附。

六朝骈文律诗:庾信,徐陵附。

唐诗:李白,杜甫,高适,王维附。

唐诗文:韩愈、柳宗元合。

唐新体诗:白居易。

晚唐近体诗:李商隐,温庭筠。

五代词:南唐后主。

北宋诗、文、词:欧阳修,苏轼,黄庭坚附。

北宋词:柳永,秦观,周邦彦。

北宋女文学家:李清照。

南宋词:辛弃疾、姜夔合。

元明曲:王实甫、高则诚、汤显祖合。

元明清小说:施耐庵,曹雪芹。

这不过把某种文学到了最高潮的那个人列出表来。做传的时候能不能代表那种文学的全部,尚不可知。临时或增或改,不必一定遵守这个目录。

(2)艺术家

艺术家很重要,但很难做传。因为文学家遗留了著作或文集可以供给我们的资料,艺术家的作品常常散亡,不能供给我们以资料。这是一层。某种艺术的最高潮固然容易找出,但最高潮的那个人未必就能代表那种艺术。这是二层。艺术的派别最繁杂,非对于各种艺术都有很深的研究便不能分析得清楚。这是三层。因此,有许多艺术家几乎不能做传,能够做传的也不能独占一专传以代表一种艺术。到了这里,普通的史家差不多不敢动手,一人的专传差不多不合体裁。大约要对于艺术很擅场的人，把各个艺术家的作品、事迹，研究得很清楚，以科学的史家的眼光，文学家的手腕，挑剔几十个出色的艺术家，依其类别，做两篇合传，才可以把艺术界的历史描写明白。这样，也是很有趣味的事情，但作者非内行不可。

上面讲的思想家、政治家、文学家三大类都是挑剔几十个第一流人物来做传。此外还有许多第二流的经学家、史学家、理学家、科学家、文学家、医学家、绘画家、雕刻家和工艺的创作者，因其不十分伟大的缘故，不能专占一传；因其派别不统属于任何人的缘故，不能附入某传：专传之技术，至此几穷。但我们不妨采用纪传史的儒林传、文苑传、方技传的体裁，搜罗同类的人合成一传，以补专传的缺憾。

像这样，以几十篇专传做主，辅以几十篇合传，去改造郑樵的《通志》，或做成《中国百杰传》，可以比别的体裁都较好。但做得不精严时，也许比《通志》还糟。这个全看作者的天才和努力。

接著，本来想把专传的做法拈出几个原则来讲，却很不容易。现在倒回来，先讲我多年想做的几篇传如何做法，然后也许可以抽出原则来。那几篇传的目录如左：

（一）《孔子传》。

（二）《玄奘传》。

（三）《王安石传》，司马光附。（以下四传略而未讲）

（四）《苏轼传》。

（五）《王守仁传》。

(六)《清圣祖传》。

这几篇的做法各有特点,讲出来很可给大家以一个榜样。现在依照次序,先讲《孔子专传》的做法:

甲 《孔子传》的做法

孔子是中国文化唯一的代表,应有极详极真的传,这是不用说的。但我们要做《孔子专传》,比做甚么都难。欧洲方面,有法人Renau 做了一本《耶稣基督传》,竟使欧洲思想界发生极大影响而纠正了许多谬误的思想。中国现在极需要这样一篇《孔子传》。也可以发生同样效果。

许多人的传,很难于找资料;《孔子传》却嫌资料太多,那方面都有。古代人物稍出色点,便有许多神话附在他身上。中国人物没有再比孔子大的,所以孔子的神话也特别的多。

做《孔子传》的头一步是别择资料。资料可分二部:一部分是孔子一身行事,平常每日的生活,属于行的方面的;一部分是孔子的学说,属于言的方面的。二部都要很严格的别择;因为都有神话,都有伪迹。

孔子一身所经的历史,最可信的似乎是《史记·孔子世家》,不过细细看来,到底有十分之一可信否,尚是疑问。另外,《孔子家语》全记孔子,但是魏晋间伪书。其中采取汉以前的书不少,似乎虽是伪书,不无可取。不过孔子死后不数年便已有种种神话,所以汉以前的书已采神话当实事。若认真替孔子做传,可以做底本的

《孔子世家》《孔子家语》都不可靠。所以关于孔子行的方面的资料的别择很难。

采取资料的原则，与其贪多而失真，不如极谨严，真可信才信，无处不用怀疑的态度。清崔述著《洙泗考信录》，把关于孔子的神话和伪迹都一一的剔开，只保留真实可靠的数十事。虽然未免太谨严，或致遗漏真迹，但我们应当如此。只要眼光锐利，真迹被屏的一定少，伪迹混真的一定可以被屏。

崔述采取资料，专以《论语》为标准，《左传》《孟子》有关于孔子的话也相当的择用。这种态度大体很对。但一方面嫌他的范围太窄，一方面又嫌太宽了。怎么说他太窄呢？因为《论语》以记言为主，很少记事，就是《乡党篇》多记了点事，也只是日常行事，不是一生经过。像崔述那样，专靠《论语》，不采他书，实在太缺乏资料了。这种地方，本来也很困难，放宽点范围便会闯乱子，所以崔述宁可缩小范围。譬如《论语》以外，两部《礼记》也记了孔子许多事，到底那一种可采，那一种不可采，各人有各人的看法。崔述既然以《论语》做标准，看见和《论语》相同或不背谬的便采用，否则完全不要。这样，不免有些真事没有采用。又如《孟子》那部书关于孔子的话是否可以和《论语》一样看待，还是问题。孔子死后百余年而孟子生，又数十年而荀子生。论理，孟子、荀子，同是当时大师，同是孔子后学，二人相隔年代并不远，所说的话应该同样的看待。崔述看重《孟子》，看轻《荀子》，《洙泗考信录》取《孟》而弃《荀》，未免主观太重罢。即使以《论语》为标准，也应该同等的看待《论语》以外的书如《孟子》《荀子》《礼记》等，才不致有范围太狭窄的毛病。

为甚么说崔述采取资料的范围太宽呢？譬如他以《论语》为主,而《论语》本身便已有许多地方不可轻信。他自己亦说过《论语》后五篇很靠不住。但是他对于五篇以外诸篇和《左传》、《孟子》等书常常用自己的意见采取,凡说孔子好的都不放弃,也未免有危险。固然有许多故意诬蔑孔子的话应该排斥,但也有许多故意恭维孔子、夸张孔子的话,常常因为投合大家的心理而被相信是千真万确,这种,我们应该很郑重的别择。若有了一种成见,以为孔子一定是如此的人,决不致那样,某书说他那样,所以某书不足信,这就是范围太宽的毛病。

现在举三个例,证明有许多资料不可靠。譬如《论语》说:"公山弗扰以费叛,召,子欲往。子路不说……子曰:'夫召我者,而岂徒哉？如有用我者,吾其为东周乎？'"从前都很相信孔子真有这回事。其实公山弗扰,不过一个县令,他所以反叛,正因孔子要打倒军阀。孔子那时正做司寇,立刻派兵平贼,那里会丢了现任司法总长不做,去跟县令造反,还说甚么"吾其为东周"？又如《论语·阳货篇》说:"佛肸召,子欲往。……"佛肸以中牟叛赵襄子是孔子死后五年的事,孔子如何能够欲往？又如《论语·季氏篇》说:"季氏将伐颛臾,冉有、季路见于孔子。……"子路做季氏宰是孔子做司寇时事,冉有做季氏宰是孔子晚年自卫返鲁时事,如何会同时仕于季氏？这三例都是崔述考出来的。可见我们别择资料应该极端慎重,与其丰富,不如简洁。

但是别择以后,真的要了,伪的如何处置呢？难道只图传文的干净,不要的便丢开不管吗？如果丢开不管,最少有二种恶果:一、可以使贪多务博的人又检起我们不要的资料当做宝贝；二、可以使相传的神话渐渐湮没，因而缺少一种可以考见当时社会心理或状态的资料。所以我以为做完《孔子传》以后，应当另做《附录》。《附录》也不是全收被屏的资料，只把神话分成若干类，每类各举若干例，列个目录，推究他的来历。这样，一面可以使一般人知道那些材料不可靠，一面又可以推测造神话者的心理，追寻当时社会的心理。

许多神话的一种是战国政客造的。那些纵横游说之士全为自己个人权利地位着想，朝秦暮楚，无所不至。孟子时代已有那种风气，后来更甚。他们因为自己的行为不足以见信于世，想借一个古人做挡箭牌，所以造出些和他们行为相同的故事来。如《汉书·儒林传》说"孔子奸七十余君"，《论语》说"公山弗扰召"、"佛肸召"，都是这类。这对于孔子的人格和几千年的人心都很有关系。从来替孔子辩护的人枉费了不少的心思，勉强去解释；攻击孔子的人集矢到这点，说孔子很卑鄙；其实那里有这会事呢？完全是纵横家弄的把戏。

孔子神话的另一种是法家造出来的。法家刻薄寡恩，闭塞民智，因恐有人反对，所以造出孔子杀少正卯一类的故事来。《孔子世家》说："孔子行摄相事，诛鲁大夫乱政者少正卯。"《孔子家语》说，少正卯的罪名是"心逆而险，行僻而坚，言伪而辩，记丑而博，顺非而泽"。其实孔子摄相是夹谷会齐时做定公的宾相，并不是后人所谓宰相，并没有杀大夫的权限。况且孔子杀少正卯的罪名，和太公杀华士，子产杀史何，完全一样：这种故事，不是法家拿来做挡箭牌,预备别人攻击他们刻薄时,说一声"太公、子产、孔子都已如此",还是什么呢?

从战国末年到汉代,许多学者不做身心修养的工夫,专做些很琐屑的训诂考证,要想一般人看重他们这派学问,不能不借重孔子。于是又有一种神话出现,这已是第三种了。他们因为《论语》有"大哉孔子,博学而无所成名"的话,就造出许多孔子博学的故事。后来有一种荒谬的观念,说"一物不知,儒者之耻"。全因误信孔子神话的缘故。譬如《国语》说"吴伐越,堕会稽,获骨马,节专车",本不足怪,也许那时发现了古代兽骨,但孔子决不会知道是甚么骨,因为他不是考古家。那上面却说孔子知道是防风氏的骨,当大禹大会诸侯于会稽时,防风氏后至,大禹把他杀了。另外还有一部书说,孔子和颜回登泰山,远望阊门,比赛眼力;颜回看了半天,才认清那里有一个人;孔子却一看就知道那人还骑了马;二人下山,颜回精神委靡,头发顿白,不久便死了,孔子却没有什么。这一大段绝对非科学的话,也绝对非孔子的学风,自然是后来一般以博为贵的人所造的谣言,故意附在孔子身上。诸如此类,尚不止只有这三例,我们非辨清不可。

因此,我主张,做《孔子传》,在正文以外,应作《附录》或《考异》,《考异》还不很对,以《附录》为最合宜。我们把上面这类神话搜集起来,分部研究,辨别他从何产生,说明他不是孔子真相;剩下那真的部分放进传里,那就可贵了。

神话撇开了,还有孔子学说的真相要想求得全真,好好的叙述出来,也实在困难。工作的时候,应分二种步骤:

（一）拣取可入传文的资料；

（二）整齐那些资料，分出条理来。

关于第一项，头一步，就是"六经"（即"六艺"）和孔子有无关系，要不要入传。自汉以来，都称孔子删《诗》、《书》，定《礼》、《乐》，赞《易》，作《春秋》，内中赞《易》及作《春秋》尤为要紧，因为这二种带的哲学尤重。《诗》和《书》我不相信孔子删过，纵有关系也不大。《仪礼》决不是周公制定的，许有一部分是通行的，经孔子的审定，另一部分是孔子著作。《乐》，没有书了，也许当时是谱，和孔子却有密切的关系。《论语》"子曰：吾自卫返鲁，然后乐正"，乐是孔子正定的可知。《史记》"《诗》三百篇，孔子皆弦而歌之"，从前的《诗》，一部分能歌，一部分不能，到孔子"皆弦而歌之"，就是造了乐谱，援诗入乐。《论语》"子于是日哭，则不歌"，那么孔子不哭这天一定要歌了；"子与人歌而善，必使反之，而后和之"，别人唱的好，他老先生还要他再来一次，还要和唱，可见兴趣之浓了。从这类地方看来，大概孔子和《乐》确有关系。《易》，关系尤深，其中讲哲理的地方很多。《卦辞》、《爻辞》发生在孔子以前，不必讲；《说卦》、《杂卦》、《序卦》后人考定不是孔子作的；《彖》、《象》，大家都说是孔子作的，无人否认；剩下的《系辞》、《文言》，或全是孔子或一部分是孔子作。假使《易》内这二种全是孔子所作，那么大的范围，应占《孔子传》料的第一部，《论语》倒要退居第二部；但是我个人看来，这样很不妥当。《系辞》、《文言》说话太不直率，辗转敷陈，连篇累牍，不如《论语》的质朴，最早当在孔子、孟子之间，大概是孔门后学所述。我们要作《孔子传》，不能不下断语。《系辞》、《文言》，里面很多"子曰"。假如有"子曰"的是孔子说的,没有"子曰"的又是谁作的呢?假如有"子曰"的也不是孔子说的,那又是何人作的呢?我个人主张,那都是孔门后所述。剩下的《春秋》,司马迁、董仲舒都很注意,以为孔子有微言大义在里面。孔子讲内圣外王之道,《易》讲内圣,《春秋》讲外王,他自己也说"其义则丘窃取之矣"。《春秋》的义到底是甚么东西?后来解义的《公羊传》、《穀梁传》、《左氏传》、《春秋繁露》到底那书可信?或都可信?可信的程度有多少?很是问题。宋王安石却一味抹杀,说《春秋》是断烂朝报,和今日的《政府公报》一样,没甚么意义,这且不管,《左氏传》晚出,最少,解《春秋》这部分是后来添上去的。《公羊传》、《穀梁传》大同小异,经师说是全由孔子口授下来的,为甚么又有大同小异呢?所以这些微言大义是否真是孔子传出,还是董仲舒、何休等造谣,都是问题。纵使不是他们造谣,而他们自己也说是口头相传,到西汉中叶才写出文字的,那么有没有错误呢,有没有加添呢,我们相信他到什么程度呢?——关于这些问题(作《孔子传》选取"六经"的问题),各人观察不同,所取的问题,必各不同。一种人相信《系辞》、《文言》、《左传》、《公羊传》、《穀梁传》都和孔子没有关系,只有《论语》的大部分可信,其余一概抹杀,这是崔东壁的态度,未免太窄了些。还有一种人不管"牛溲马渤,败鼓之皮",凡是相传是和孔子有关的书都相信,这自然太滥了,不应该。若是我作《孔子传》,认《易》的《彖》、《象》是孔子作的,《系辞》、《文言》是孔门后学作的;认《春秋》的《公羊传》有一部分是孔家所有,一部分是后儒所加;如何辨别,也无标准,只好凭忠实的主观武断;认《诗》、《书》是孔子教人的课本;认《礼》、《乐》同孔子有密切的关系:孔子和"六经"的关系既已确定,就可分别择取入传了。

"六经"以外,有许多传记,我们拿什么做标准去拣取传料呢?我以为《论语》的前十篇乃至前十五篇是拣料的标准,其余各书关于孔子的记载没有冲突的可取,有的不取,这最可靠。《论语》以外,《孟子》、《荀子》、《系辞》、《文言》有许多"子曰","子曰"以下的话,完全可认为孔子说的。但若依孙星衍的话,那些"子曰"以下的文章互相矛盾的地方也很多,到底是孔子所讲,还是孔门所讲,很难确定,只好拿《论语》前十五篇做标准去测量。所以凡是各种传记关于孔子的记载都要分等第。崔东壁把《论语》也分成三等,前十篇第一,中五篇第二,后五篇第三,第四等才是《系辞》、《文言》,这是很对的。

《礼记》也有很充分的资料可入《孔子传》,我们可录下来,细心审查,那章那句同《论语》相同相近,那章那句和《论语》不同,相远,这样可以互相发明,可以得真确传料。据我看,《礼记》里"子曰"以下的话,可以和无"子曰"的话同样看待,《系辞》、《文言》里"子曰"以下的话亦是一样,都是孔门后学所追述,儒家哲学所衍出,也许孔子的确说过这种话,后儒由简衍繁,或以己意解释,若说的和孔子本意不甚相远,虽然不是孔子亲口说的,最少也可认为孔子学派的主张。同样的例证,佛家对于佛说也常常和《礼记》、《系辞》的子曰一样,《大藏》六千卷中有五千卷都说"如是我闻佛说",那不必一定都是佛说的。佛家有一句话,"依法不依人"。真是释迦牟尼说的话固须相信;就是佛门弟子或后人说的,而又不曾违背佛说,也可相信。我们对于儒家的态度亦应如此。《系辞》、《文言》、《孟子》、《荀子》、《礼记》乃至《庄子》等书,引孔子,解孔子,都是孔子学说的资料。我们可以拿来分别等第,什么是基本的,什么是补充的,补充的以不违背基本的为主。

关于《孔子传》的第一问题——拣取可入传文的资料的问题——上文已经解决了。怎样整齐那些资料分出条理来呢? 换句话说,就是怎样组织这篇文章呢? 这就归到第二问题了。我们既以《论语》为择料的标准,那么应该把孔子的学说找出几个特色来。这个不单靠史才,还要很精明的学识,最少要能够全部了解孔子。到底要如何才能把孔子全部学说的纲领揭出来,我另在《儒家哲学》上面讲过了,这里从略。今天只讲别择资料的方法,其实作《孔子传》的最困难处也在别择资料,至于组织成文,如何叙时代背景,如何叙孔学来源,如何叙孔门宗派,这无论叙甚么大学者都是一样,大概诸君都能知道,现在也不讲了。

乙 《玄奘传》的做法

凡作 专传,无论如何,必先拟定著述的目的,制好全篇的纲领,然后跟着做去;一个纲领中,又可分为若干部。先有纲领,全篇的精神才可集中到一点,一切资料才有归宿的地方。拿几个纲领去驾驭许多资料,自然感觉繁难;尤其是著伟大人物的传,事迹异常的多,和各方面都有关系,作者常常有顾此失彼的苦楚;但是事迹越多,著作越难,纲领也跟著越需要。

玄奘是一个伟大的人,他的事迹和关系也异常的复杂,所以作他的传尤其需要纲领。主要的纲领可定为二个:

(一)他在中国学术上伟大的贡献;

(二)他个人留下伟大的畴范。

如何才能够把这两纲领都写出,这又不能不分细目。关于第一个纲领的细目是:

(1)他所做的学问在全国的地位如何,

(2)他以前和同时的学术状况如何,

(3)他努力工作的经过如何,

(4)他的影响在当时和后世如何。

关于第二个纲领的细目是:

(1)他少年时代的修养和预备如何,

(2)他壮年后实际的活动如何——某时期如何,某一部份如何,

(3)他平常起居状况,琐屑言行如何。

像这样在二个纲领内又分七个细目,把各种资料分别处置,或详,或略,或增,或减,或细目中又分细目,一定很容易驾驭资料,而且使读者一目了然。无论作何人的传,都应该如此。

玄奘是中国第一流学者,决不居第二流以下;但是几千年来没有几个人知道他的伟大,最知道的只有做《圣教序》的唐太宗,其次却轮到做《西游记》的人,说来可气又可笑,士大夫不知玄奘;孺子妇人倒知道有唐三藏!《新唐书》、《旧唐书》都有《方技传》,《方技传》都有《玄奘传》,但都不过百余字。《方技传》本来就没有几个人

看，百余字平平淡淡的《玄奘传》更没有人注意了。

佛教输入中原以后，禅宗占领了全部领土十之七，天台宗占了十之二，剩下的十之一就是各宗合并的总量，不用说，玄奘的法相宗不过这十分之一的几分之几了。所以从一般人的眼光看来，玄奘的地位远在慧能、智颛之下。其实我们若用科学精神，诚实的研究佛教，法相宗的创造者是玄奘，翻译佛教经典最好最多的是玄奘，提倡佛教最用力的是玄奘。中国的佛教，若只举一人作代表，我怕除了玄奘，再难找第二个。我们想做一个人的传，把全部佛教说明，若问那个最方便，我敢说没有谁在玄奘上面的。如何借《玄奘传》说明中国佛教的发达史，就是做《玄奘传》的主要目的。

玄奘是中国人，跑到印度去留学。留学印度的，在他以前，不止一个，但是留学生能有最大成功的，一直到今日，不惟空前，而且绝后。他临回国的前几年，在印度佛教里，是第一个大师。他的先生戒贤是世亲的大弟子，他又是戒贤的大弟子，继承衣钵，旁的弟子都赶不上他。——他是中国留学印度的学生中，空前绝后的成功者！

翻译佛教经典，他以前也并不是没有人；但一到他手里，一个人竟译了一千六百余卷。而且又还改正了许多前人译本的错误，规定了许多翻译佛经的条例，在译学上开了一个新的局面和永久的规模。

教理上，他承受印度佛教的正脉，开中国法相宗的宗派，在世界佛教史、中国佛教史都占极重要的位置。——合起上面三种事业来看，他在学术上的贡献何等伟大？他在学术上的地位何等重要？

　　关于这几样，说明了以后，头一样，佛教教理的变迁和发展，从释迦牟尼到玄奘的经过如何，应该跟著叙述。我们知道，中唐晚唐之间，回回入印度，开学术会，一把无情火把佛教第一二流大师都烧成灰烬，佛教从此衰落。这时上距玄奘回国不过百余年，可见玄奘留学印度的时候，佛教刚好极盛。所以不但说明中国佛教全体可在他的传里，就是印度佛教全体也在他的传里说明，也没有甚么不可。就退一步说，《玄奘传》最少也要简单叙述佛灭后千余年，佛教发展和衰落移转的情形。关于这点，可看玄奘所著《异部宗轮论》。那书讲佛教自佛灭后到大乘之兴，分二十宗派。全书组织分二部：一、上座部；二、大众部。说明佛灭后百余年，教门分了这二派，上座部是老辈，大众部是青年。后来又先后由此二派分出二十小宗派，后来又由此二十小派分出大乘各派。大乘崛起，把原来二十派都认做小乘，精神性质渐渐日见殊异。我们所以能了解当日那种情形，全靠玄奘那部《异部宗轮论》。自宋、元、明到清末，一般研究佛教的人都能注意到这点。我们要认真知道佛教全部变迁的真相，非从小乘研究大乘的来源不可，所以作《玄奘传》，起首应将佛灭以后的各宗派简单说明。

　　其次，须说明大乘初起，在印度最有力的有二派：一龙树，这派称法性宗；二世亲，这派称法相宗。更须说二派的异同，和小乘又有甚么分别。像这样，在简单叙述小乘二十派之后，略详细的叙述大乘，然后观察玄奘在各派中所占的地位。他是大乘法相宗的大师，须要郑重的说明；若不说明，不知他的价值。

　　在这里头，可以附带讲玄奘以前各派输入中国的情形。以前的人虽然不如玄奘的伟大，但若没有他们，也许没有玄奘。譬如鸠摩罗什自然是玄奘以前第一伟大的人。他是法性宗，生在玄奘前二百多年，那时法相宗才萌芽，所以他译了许多主要经典却没有译法相宗的一部；但从他起，中国才有系统的翻译，许多主要经典到此时已输入中国。所以我们把印度佛教流派说明以后，应该另做一章，说明佛教输入中国的情形，就借此把玄奘以前的译经事业笼统包括在里。

　　说起玄奘以前的译经事业，最早起于何时，很多异说。据我的考定，实始于东汉桓帝、灵帝间，略和马融、郑玄时代相当。前人相传，东汉明帝时已有译经，其实不可信。那时佛教虽早已输入——西汉哀帝时秦景宪已从大月氏王使者伊存口受《浮屠经》，东汉明帝时楚王英已斋戒祀佛，——但不过有个人的信仰，而没有经典的翻译。桓、灵间，安清、支谶才从安息、月支来，中国人严佛调才帮助他们翻译佛经。自此以后，续译不绝；而所译多是短篇，杂乱无章，见一种就译一种，不必一定是名著，不必一定有头尾；而且译意的是外国人——或印度，或西域——并不深懂中国文字；笔述的虽是中国人，而未必是学者，最多能通文理而已，对于佛教教理又不很懂：所以有许多译本都免不了资料的无选择和意义的有误解二种毛病。这是汉末、三国、西晋译界的普遍现象，虽已译了许多经典而没有得到系统的知识，可以叫他"译经事业第一期"。

　　一到第二期便有个鸠摩罗什。鸠摩罗什的父亲是印度人，母亲是龟兹人，以当时论，固属外国；以现在论，也可说他一半是中国人。在他那时候，译经事业已有进步。他虽生长外国，却能说中国话，读中国书，诗也做得很好。外国人做中国诗，他是最先第一个。他的文章，富有词藻；选择资料，又有系统。论起译经的卷帙，鸠摩罗什虽不及玄奘；论起译经的范围，玄奘却不及鸠摩罗什。从前没有译论的，到鸠摩罗什才译几种很有价值的论；从前大乘在中国不很有人了解，到鸠摩罗什才确实成立大乘；中国译经事业，除了玄奘，就轮到了他。

玄奘叫做三藏法师，从前译书的大师都叫三藏，为甚么这样叫，没有法子考证。大概三藏的意思和四库相等，称某人为三藏，许是因某人很博学。中国的三藏在玄奘以前都是外国人；中国人称三藏，从玄奘起；以后虽有几个，实在不太配称。从鸠摩罗什到玄奘的几位三藏，却可大略的叙述几句，然后落笔到玄奘身上。——说明译经事业，就此停止。

但玄奘以前和同时的中国学术状况，却还要叙述一段。教理的研究在鸠摩罗什几乎没有一点条理；比较的有专门研究的，是小乘毗昙宗，乃上座部的主要宗派。在鸠摩罗什以后，法性宗——即三论宗——大盛。三论宗之名，因鸠氏译"三论"而起。"三论"为何？《中论》、《百论》、《十二门论》是。后来又译了一部《大智度论》，合称"四论"。经的方论，鸠氏又译了《维摩诘小品放光般若妙法莲华大集》。从此，他的门徒大弘龙树派的大乘教义；一直到现在，三论宗还是很盛。这派专讲智慧，和法相宗不同。法相宗从六朝末到隋唐之间，在印度已很兴盛，渐渐传入中国。最主要的《摄大乘论》已由真谛译出，中国法相宗遂起（法相宗又曰摄论宗，即由《摄大乘论》省称)。只因为译本太少,又名词复杂,意义含糊,读者多不明白。玄奘生当此时,笃好此派,在国内历访摄论宗各大师请教,都不能满意,所以发愿心到印度去问学,而一生事业,遂由此决定。

我们作传时,应有一节说明玄奘以前的摄论宗大势如何,有多少大师,有没有小派,有甚么意味,有多大价值,才能够把玄奘出国留学的动机衬出。他出国前曾经受业的先生和曾经旁听的先辈,固然全部很难考出,但重要的几个却很可以考出来。初传摄论宗到中国来的真谛,玄奘已不及见了。真谛的弟子,玄奘见过不少,不可不费些考证工夫,搜出资料来。

现存的《大慈恩寺三藏法师传》十卷,凡八万余字,是玄奘弟子慧立所做,在古今所有名人谱传中,价值应推第一。然而我们所以主张要改做,别的缘故固然多,就是他只叙玄奘个人切身的事迹而不叙玄奘以前的佛教状况,多收玄奘的奏疏,唐太宗、高宗的诏旨,而不收玄奘和当时国内大师讨论的言辞,也已很令我们不满意。

我们作传,在第一章说明玄奘在学术界的贡献和地位以后,第二章就应当如前数段所论,说明玄奘以前,佛教教理的变迁和发展,小乘、大乘、法性、法相的异同,各派输入中国的先后和盛衰,译经事业的萌芽和发达,法相宗初入中国的幼稚,玄奘的不安于现状:像这样,把玄奘留学的动机,成学的背景,说了一个清楚。然后才可叙到《玄奘传》的本文。到此才可叙他少时怎样,出国以前,到了什么地方,访了什么人,说了什么话,做了什么事,一切用普通传记的做法。

自此以下,就进了第三章,要说明玄奘努力工作的经过,在印度如何求学,回中国如何译经。

《三藏法师传》,很可惜未用日记体,年代很不清楚,要想把玄奘在印度十七年历年行事严格规定,实在很难。然而根据里面说的,在某处住了若干天,在某路走了若干月,在某寺学了若干年,约略推定,也不是不可能。这节最须特别描写的就是玄奘亡命出国,万里孤苦的困难危险,能够写得越生动越好。

《大唐西域记》是玄奘亲手做的地理书,体例很严。若是他曾经到过的地方就用"至"字或"到"字;若没到过,就用"有"字。

最可恨的,印度人讲学问,对于时间空间的观念太麻木,所以我们要想从印度书里窥探玄奘所到的地方和所经的年代实在没有法子。好在西洋人近来研究印度史和佛教史,发明了许多地图史迹,我们很可拿来利用。

《三藏法师传》、《大唐西域记》二书,一面叙玄奘游学的勤劳坚苦,一面述西域、印度的地理历史,在世界文化上的贡献极大;一直到现在,不但研究佛教史的人都要借重他,就是研究世界史的人也认为宝库。所以我们可以根据这二书,参考西洋人的著作,先把玄奘游学的路线详细记载,把佛教在西域、印度地理的分布情形整理出一个系统来,然后下文叙事才越加明白。

以后一节,须述当时印度佛教形势。上文第二章已经叙述佛教的变迁和发展,是注重历史方面的,而对于当时的情形较简单些。这里说明佛教形势,是注重地理方面,对于当时,应该特别详细。第一须说明玄奘本师在当时佛教的地位。

玄奘见戒贤时,戒贤已八十九岁了,他说:"我早已知道你来了,忍死等你。"这个故事许是迷信,然亦未尝不可能。后来戒贤教了玄奘三年,又看他讲法二年,到九十五岁才死。无论是否神话,戒贤在当日印度佛教的地位实在最高。

戒贤住持的寺叫那烂陀,那烂陀的历史和地位也得讲清(后来回教徒坑杀佛教徒也就在这个寺)。义净的《大唐西域求法高僧传》记这寺的内容很详细。西洋人和日本人考出他的地址,发掘出来,再参考他书,还可证明他的规模很大,分科很细,是印度全国最高的研究院。戒贤当日在里面是首席教授,最后二年,玄奘也是首席教授。这种史料和中间那几位大师的史料,西洋文字、日本文字比较中国文字多得多。我们须得说明了这段,才可讲玄奘留学时所做的工作。

玄奘自己站在法相宗的范围内,一生为法相宗尽力;但毫无党派观念,只认法相宗为最进步的宗派,而不入主出奴,排斥异宗。那时那烂陀是法相宗的大本营,法相宗正在全盛时代,戒贤多年不讲法了,这回却特别为玄奘开讲三年,玄奘精神上感受的深刻,可想而知。但玄奘并不拘泥在一派之内,无论在何异宗,任何异教,只要有名师开讲座,他都跑去旁听。大乘各派,小乘各派,乃至外道,他都虚心研究。

那时印度风行一种学术辩论会,很像中国打擂坛。许多阔人、国王、大地主,常常募款做这类事,若是请的大师打胜了,就引为极荣誉的事,时间长到几个月。当玄奘在印度最后的几年,六派外道最占势力,胜论大师顺世最有名,最厉害,跑到那烂陀来论难,说输了便砍头。那时他寺的佛徒给他打败的已有好许多,所以他特来惹戒贤。戒贤不理他，叫玄奘去跟他论辩，几个月工夫，驳得顺世外道无言可说，只好自己认输，便要砍头。玄奘不让他砍，他便请玄奘收他做奴仆，玄奘不肯，只收他做学生，却又跟他请教，他又不肯，结果就在晚上谈论，几个月工夫，又给玄奘学清楚了《胜论》。

像这种精神，玄奘是很丰富的。他是佛教大乘法相宗，不错；但做学问却大公无我，什么都学，所以才能够成就他的伟大。他游印度共费了十九年，他足迹所经有六千万里：所为的是甚么？只为的求学问。像这几种地方，我们作传，应该用重笔写。

玄奘最后两三年在印度佛教的地位高极了，阔极了。竟代替了戒贤，当那烂陀寺的首席教授。有一回，两国同时请他去讲演，甲国要他先去，乙国也要他先去，几乎要动刀兵了。结果，鸠摩罗王、戒日王来调停，都加入。就在那两国边界上开大会。到会的有十八国王，各国大小乘僧三千余人，那烂陀寺僧千余人，婆罗门和尼乾外道二千余人。设宝床，请玄奘坐，做论主。玄奘讲他自己做的《真唯识量颂》，称扬大乘；叫弟子再读给大众听，另外写一本悬会场外；说，若里边有一字没有道理，有人能破的，请斩我的首以谢。这样，经过十八日，没有一个人能难。那些地主和听众都异常高兴，戒日王甚至请玄奘骑象周游各国，说中国大师没有人敢打。

除上列各大事外，玄奘在印度还做了许多有价值的事，我们应该多搜材料，好好的安置传里。——这是讲在印度工作的话。

他回国以后，全部的生活完全花在宣传佛教，主要的事业十九都是翻译佛经。他是贞观元年出国的，到贞观十七年才起程回国，次年到了于阗，途中失了些经典，又费了八月工夫补钞，到十九年正月二十四日才到长安,他出国是偷关越境的,很辛苦;回来可十分阔绰。他一到于阗就上书唐太宗,告诉他将回国。刚好唐太宗征高丽去了,西京留守房玄龄派人沿途招待,并且出郊相迎接。太宗听见玄奘到了京,特地回来,和他在洛阳见面。他从二月六日起,就从事翻译佛经,一直到龙朔三年十月止,没有一天休息。开首四年,住长安弘福寺;以后八年住长安慈恩寺;以后一年陪唐高宗往洛阳,住积翠宫;以后二年住长安西明寺;最后五年住长安玉华宫。二十年之久,译了七十三部,一千三百三十卷佛经。一直到临死前二十七天才搁笔。前四五年因为太宗常常要和他见面,还不免有耽搁的时间;自太宗死后,专务翻译,没有寸阴抛弃。每日自立功课,若白天有事做不完,必做到夜深才停笔。译经完了,复礼佛行道,至三更就寝,五更复起。早晨读梵本,用朱笔点次第,想定要译的。十几个学生坐在他面前笔记,他用口授,学生照样写,略修改,即成文章。食斋以后,黄昏时候,都讲新经论,并解答诸州县学僧来问的疑义。因为主持寺事,许多僧务又常要吩咐寺僧做,皇宫内使又常来请派僧营功德,所以白天很麻烦。一到晚上,寺内弟子百余人咸请受诫,盈庑满廊,一一应答处分,没有遗漏一个。虽然万事辐辏,而玄奘的神气常绰绰然无所壅滞。——像这样一天一天的下去,二十年如一日,一直到他死前二十七日才停止。这种孜孜不倦,死而后已的工作情形,传里应该详细叙述。

玄奘一生的成功就因最后二十年的努力。若是别人既已辛苦了十九年,留学归国,学成名立,何必再辛苦?他却不然;回国的第二十七天就开始译经,到临死前二十七天才停笔;一面自己手译,一面培植人才，不到几年，就有若干弟子听他的口授，笔记成文，卒至有这伟大的成绩。自古至今，不但中国人译外国书，没有谁比他多，比他好，就是拿全世界人来比较，译书最多的恐怕也没有人在他之上。所以我们对于这点，尤其要注意。最好是做一个表，将各经的翻译年月，初译，或再译，所属宗派，著者姓氏年代，卷数，品数，等等，一一详明标列，这样才可以见玄奘所贡献给学术界的总成绩。

这个表要有二种分类排列法，一种是依书的外表分列，一种是依书的内容分列。前者可分创译、补译、重译三类，创译是从前未译过的，补译是从前未译完的，重译是从前译得不好的；后者可分七类：一、法相宗的书，创译的很多，重译的也不少。二、法性宗的书，如《大般若波罗密多经》，鸠摩罗什也曾译过，但不完全，所以玄奘重译全部，共有六百卷之多。三、其他大乘各宗的书，如《摄大乘论》，从前也有人译过，但没有他的详，没有他的精确。四、小乘各宗的书，又可分二目：甲、上座部的，如《阿毗达磨大毗婆沙论》二百卷；乙、大众部的，如《阿毗达磨俱舍论》、《阿毗达磨正理论》。五、讲宗派源流的书，《异部宗轮论》。六、讲学问工具的书，如《因明入正理论》、《因明正理门论》本是最初介绍论理学的杰作。七、外道的书，如《胜宗十句义论》，是印度外道哲学书最要的一部。像这样分类列表，既令人知道玄奘贡献之伟大，又可令人知道他信仰法相宗是一事，翻译佛经又是一事，他做学问很公平，忠实，不仅译本宗书。这点无私的精神也要用心写出。

译书若单靠他一手之力，自然没有这么大的成绩。他在数年之内养成好许多人才,又定好重要规则,译好专门名词,说明方法利弊,使得弟子们有所准绳,这点不能不详细研究他。周敦义《翻译名义序》引了玄奘的《五不翻论》,可知玄奘像这类的言论一定不少。他的弟子受了他的训练,所以能在他的指挥下共同译出这么多书来。这点也须在本章最末一节说个清楚。——这以上是讲玄奘努力工作的经过,是第三章。

到第四章,应该说明玄奘在当时及后世的影响,他是不大著书的:《成唯识论》是法相宗的宝典,虽经玄奘加上许多主张,等于自著,但名义上还是翻译的;他在印度时用梵文著了《会宗论》三千颂和《真唯识量颂》,确是自己创造的,而为量已少,而且《会宗论》还没有译成国文;他另外著了《大唐西域记》十二卷,但没有佛教教理主张。为甚么他不太著书? 我们想,大概因为佛经的输入比较自己发表意见还要重要,所以他不愿著书。

那么,他的学问的成就怎样呢? 我们知道他不仅是一个翻译家而已,他在印度最后几年的地位已经占最高座,学问的造诣当然也到了最高处。但是他没有充分的遗著供我们的探讨,如何能见他学问的真相呢? 没有法子,只好在学生身上想法子。

他最后十五年是没有一天离讲座的,受他训练的学生不下数千人,得意门生也有好些。像清儒王伯申的《经义述闻》引述他父亲的学说,我们尽可以从王伯申去看王怀祖的学问。玄奘的得意门生如窥基、圆测等的著作自然很不少玄奘的主张在内,我们尽可以从这里面探讨玄奘的学问。窥基、圆测的书经唐武宗毁佛法,焚佛书以后,在中国已没有,幸亏流传到日本去了,最近二三十年才由日本输入窥基做的《成唯识论续记》。

窥基是尉迟敬德的儿子，十二岁的时候，玄奘一见就赏识他，要收他做门徒。那时唐帝尊尚佛教，玄奘又享大名，窥基家人当然很愿意，窥基自己可不肯。玄奘又非要不可，经过多次的交涉，允许他的要求，将来可以娶妇吃肉喝酒。后来窥基跟了玄奘多少年，虽未娶妇，却天天吃肉喝酒。但是玄奘许多弟子，他却是第一名。唯识宗就是他创造的，是法相宗二大派之一。后来这派极盛。

道宣《续高僧传》，说圆测并非玄奘的学生，不过在末席偷听而已，并没有甚么了不得。在圆测的书未发现以前，看去似果真和玄奘不相干。近来日本人修《续藏》，找他的书，找出来了，传到中国才知道在法相宗是占有很重要的位置，并不和唯识宗所说的话一样。

所以玄奘传下的二大派，我们应该彻底研究，其同点何在，其异点何在，都要弄清，弄清了，玄奘的学说也可跟著明白。而且因此不惟说明玄奘的学说，就是玄奘的影响也很清楚。玄奘的影响清楚，也就是法相宗的大势连带清楚。此后顺便可以讲些法相宗流入日本的历史，一直叙到现在，笔法也很清顺。

最后，凡是玄奘的门生和门生的门生，尤其是当时襄助玄奘译书的人，须用心考出，做成一个详细的表；其中有事业可称的，可以给他做篇小传。

——从此以上，是讲《玄奘传》第一个纲领下的第四细目，也就是第四章。我上文不是讲过有二个纲领吗？那第二个纲领还有三个细目应该叙在甚么地方呢？这早插在前面四章里了。当做传时,心中常常要记著这二个纲领,一面要叙述玄奘在中国学术上伟大的贡献,一面同时要叙述玄奘个人留下伟大的畴范,不可只注意前者,忽略了后者。我这种做法,是以前项纲领为经,以后项纲领为纬,后者插入前者里面,随时点缀,不必使人看出针迹缝痕,才称妙手。多年欲做《玄奘专传》,现在大概的讲些我的做法来,将来或者能有成功的一天,给学者做个参考。

分论三　文物的专史

第一章　文物专史总说

　　文物专史是专史中最重要的部分，包括政教典章、社会生活、学术文化种种情况，做起来实在不容易。据我个人的见解，这不是能拿断代体来做的；要想满足读者的要求，最好是把人生的活动事项纵剖，依其性质，分类叙述。本来，根据以前的活动状况，以定今后活动的趋向，是人生最切要的要求，也是史家最重大的责任，所以对于各种活动的过去真相和相互的关系，非彻底的求得不可；否则影响到今后活动，常生恶果。我们知道，人类活动是没有休止的，从有人类到今日,所有的一切活动,都有前后因缘的关系。倘使作史的时候,把他一段一段的横截;或更依政治上的朝代分期,略说几句于实际政治史之后,那么,做出来的史,一定很糟。这种史也许名为文化史、文物史,其实完全是冒牌的。从前的正史里,书志一门,也是记载文物的,但多呆板而不活跃,有定制而无动情;而且一朝一史,毫无联络,使读者不能明了前后因缘的关系。所以这种断代体和近似断代体的文物史都不能贯彻"供现代人活动资鉴"的目的。我们做文物专史,非纵剖的分为多数的专史不可。

我以为人生活动的基本事项,可分三大类,就是政治、经济、文化三者;现在做文物的专史,也就拿这三者分类:这是很近乎科学的分法。因为人类社会的成立,这三者是最主要的要素。拿人的生理来譬喻罢:有骨干才能支持、生存,有血液才能滋养、发育,有脑髓神经才能活动、思想;三者若缺少其一,任何人都不能生活。一个人的身体如此,许多人的社会又何尝不然?拿来比较,个人的骨干等于社会的政治,个人的血液等于社会的经济,个人的脑髓神经等于社会的文化学术,一点儿也不差异。现在就先把这三种文物专史所应分别包括的事项略微讲讲:

第一是社会骨干之部,就是政治之部。这所谓政治,是广义的。从原始社会如何组织起,到如何形成国家,乃至国家统治权如何运用,如何分化,都是。若以性质分,则军政、民政、财政、法政、外交,都可溯古至今的叙述。若以部位分,则地方、中央,又可详细的划开。譬如一个人的骨干,以性质分,有做支持身体用的,有做行走用的,有做取携用的,有做保护用的;以部位分,曰头骨、曰脊骨、曰腿骨、曰臀骨;分开来虽有千百,合起来仍是一套。政治的组织也是如此,所以国家社会才能成立。

第二是社会血脉之部,就是经济之部。一个人非有物质生活不可——衣食住缺一,不可生存。社会亦然。若受经济的压迫,必衰退下去,或变成病态,或竟骤然销灭。一部分的经济不充裕,一部分社会危险;全世界的经济不充裕,全世界社会危险。就譬如一个人患了贫血症,一定精神痿弱,不久人世;若一滴血都没有了,那还成个人吗?经济是社会的营养料,也是社会的一要素。

第三是社会神经之部,就是文化之部。人所以能组织社会,所以能自别于禽兽,就是因为有精神的生活,或叫狭义的文化。文化这个名词有广义、狭义二种:广义的包括政治、经济,狭义的仅指语言、文字、宗教、文学、美术、科学、史学、哲学而言。狭义的文化尤其是人生活动的要项。

人生活动不外这三种。说句题外的话,据我看,理想的国家政治组织,许要拿这个标准分类。将来一个国家许有三个国会,一是政治会,一是经济会,一是文化会。欧战后,法国设过经济会议、教育会议,和政治上的国会几乎鼎立。国会原来只代表骨干的一部分,非加上代表血液、神经的不行。今后学问日见专门,有许多问题不是政治家所能解决的,所以国会须有经济会、文化会补助,才可使国家组织完善。

文物史也是一样,非划分政治、经济、文化三部而互相联络不可。所以文物的专史包括:

(一)政治专史

(二)经济专史

(三)文化专史

三大类,各大类中又可分许多小类,其分法在下文讲。

第二章　政治专史及其做法

政治专史最初应该从何处研究起？最初应该研究民族。中国人到底有多少民族？中国人的成分为何？各民族中，那一族做台柱？最初各民族的状况如何？从最初到黄帝时，各民族的变化如何？商、周两民族的来历如何？周代的蛮、夷、戎、狄有多少种？后来如何渐渐形成骨干民族？如何渐渐吸收环境民族？当没有混合时，其各自发展的情形如何？何时接触？何时同化？自从本民族的最初发源起，慢慢的，匈奴、鲜卑、契丹、女真、蒙古、图尔特逐渐发生交涉，以至于今日。这都应该详细划分,各作专篇,组织成一部民族史。那么,中国人对于中国民族的观念格外清楚了。

第二步就应该研究国土。展开中华民国的地图一看,知道我们这一群人生活在这里面。但我们的各祖宗最初根据什么地方呢?何时如何扩充?何时又如何退缩?何时如何分裂为几国?何时又被外来民族统治?何地最先开发?何地至今犹带半独立性?这都要先了解,做成专史,才可确定政治史的范围。

第三步就要研究时代。关于时代的划分,须用特别的眼光。我们要特别注意政治的转变,从而划分时代,不可以一姓兴亡而划分时代。从前的历史借上古、中古、近古,或汉朝、唐朝、宋朝来横截时间,那是不得已的办法。我们须确见全民族政治有强烈转变,如封建变为郡县,闭关变为开放之类,才可区别为二,深入的个别的研究各个时代的历史。

第四步还要研究家族和阶级。以普通理论讲,个个人都是社会的分子,社会是总体,个人是单位。这许是好理想,但事实上不能如此。以一个人做单位,想在社会总体里做出事业来,古今中外都不可能。总体之中,一定还有许多小的分体,那些分体才是总体的骨干。一个人不过是一个细胞,对国家为国民,对家族为家人,对市村为市民、为村民,对学校为学生、为教员,对阶级为士、为商,必加入各小团体,以为基础,才能在大团体中活动。家族,无论何种社会都看得很重,是间接组织国家的重要成分。在中国,一直到现在,还有许多人,与其叫他国家的国民,不如叫他家族的家人;因为他是对家族负责的。所以家族如何形成,如何变迁,如何发展,都得研究。阶级,亦无论那个社会都免不了;许多个人都由阶级间接参加国家。中国人消灭阶级比较的早,而对于家族,非常的拥护。西洋人不然,家族的关系很薄,阶级的竞争渐浓。中国的阶级在国家虽不重要,但不能说无关系。所以为了解社会的基础起见,非特别研究家族史、阶级史不可。

此外,有些西洋有,中国没有的。如西亚细亚,教会的组织,比家族还重要,在中国却不成问题。中国史和西洋史不同之点,即在这种地方。

——以上五步的研究,是做政治史的第一部分。因为政治就是社会的组织,社会组织的基础就是上述民族、国土、时代、家族、阶级等。把基础研究清楚,才可讲制度的变迁。

所以政治专史的第二部分就是讲政治上制度的变迁。这种应当从部落时代叙起。远古有无部落?如何变成宗法社会?如何变成多国分争?如何变成君主统一?统一以后,如何仍旧保留分立形式?如何从封建到郡县?郡县制度之下,如何变成藩镇专横?如何又变成各地自治?君主制度又如何变成民主?这种由分而合,由合而分,经过几次。分合的含质如何?分合的同异何在?这么大的国家,如何划分中央与地方的权限?历史上的趋势,一时代一时代不同,须得分部去研究。

其次又要研究中央政权如何变迁。某时代是贵族专制的政体,某时代是君主专制的政体?某时代对于中央政府如何组织?各种政权如何分配?中央重要行政有多少类,每类有如何的发展?这种中央的政治组织和中央权力的所在,须分类研究其变迁,详述其真相。如司法、财政、外交、民政等。——这是政治专史的第二部分。

第三部分是讲政权的运用。上文讲的是政治组织上的形式；其实无论何时，和实际运用都不能相同。譬如中华民国约法，现在似乎仍旧有效。但具文的约法和实际的政治，表面和骨子，相差不知几千万里。若从《政府公报》看，中央政府似乎很强有力，吴佩孚、张作霖亦得禀命中央。如打破了南口，许多威字将军，都是由吴、张上呈文，由内阁发表。事实上，骨子里何尝如此？一切大权都不在内阁，吴、张上呈文亦等于一纸命令。这不但我国此时如此，无论何时何国，实际上的政治和制度上的政治都不能相同。不过不同的距离，各有远近就是。譬如英国国会，组织既很完善，威力既很伟大，又号称代表全国民意，可谓宪政的模范；但实际上只由少数资本家把持，用以垄断全国利权，何尝能代表多数民意？表面上，政府的法令都经国会通过，很合宪法；资本家却借国会以取权利，这是宪法所不能禁止的。意大利的棒喝团，俄罗斯的苏维埃，也是如此。表面上的组织是一回事，运用起来又是一回事。所以研究政治史的人，一面讲政治的组织，表面上形式如此如彼，一面尤其要注意骨子里政治的活用和具文的组织发生了多大的距离。譬如汉朝中央政治，依原定组织，天子之下，丞相行政，御史执法，太尉掌兵，全国大政，都出自三公。但自武帝以后，大政的权柄渐渐移到尚书省，尚书省在法律上是没有根据的，里面都是皇帝私人。后来的三公，非录尚书事，不能参与政治。事实竟变成无形的法定制度。后来汉朝的政权不惟在尚书省，外戚、宦官都非常的把持,也是自然的结果。宦官运用政治,法律上尤其没有根据,然无人能阻其不握政权。还有,大学生,学会,有时也能左右政治,但在法律上亦看不见。所以某时代政治的运用变到某部分人手上,其变迁之状况何如,事实何如,都得详细研究。关于这类,近来政党的发生,亦可附入。——这是政治专史的第三部分。

研究政治史根据此分类标准,分了又分,务求清楚。我打算编一个目录使得做政治史的人有个标准;至于详细的做法,现在不能讲了。

第三章　经济专史及其做法

经济事项，譬如人生的血液。我们做经济专史，可以因人类经济行为的发生次第，来做分类的标准。人类为什么有经济行为？因为有消费。人类起于消费，因消费而须生产。生产的种别不同，所以又须交易。生产的结果，须分给多少部分的人，所以分配的问题又起。愈到近代，在经济行为上，分配愈占重要地位。古代最初的人类行为，分配问题，却不大发生。所以做起历史来，要讲清前三部分，才可讲分配。中国经济史，最重要的是消费和生产，其次是交易，最末才是分配。现在依此次序讲。

消费方面可分食、衣、住三项。要做一个民族的经济史，看他自开化以来的食、衣、住如何变迁，最为重要。但做历史再没有比这个困难的，因为资料极其缺乏。

食的方面：到底我们这个民族普通食品是甚么东西？某种从外来？某种生产于某处？那一种占重要地位？某时代某种占重要地位？一个民族几千年的食饭问题实在要紧，但研究起来也实在困难。因为历史的资料不外纸片上的纪载和残留的实物，残留的实物多由地下发现，食品却不能保存；纸片上的资料固然不可看轻，但无论何国的历史，都是政治的资料多，社会经济的资料少；尤其是中国。这个难题，我私度没有多大把握。因为纸片上的资料很少，实物根本没有，又不能靠采掘。但是虽然困难，亦不能不想方法。我想不单是食，凡关于经济事项，若研究其历史，不能不和政治史、文化史脱离而另取一方向。做文化史、政治史，多由古及今；做经济史，当由今及古。近代一二百年的经济变迁，用心访问，还能整理成一个系统。将现代所见，和近代衔接。再一样一样的追寻根源，追到何时就讲到何时。即如食米面，大概言之，北方多食面，南方多食米，倒追上去，还可以看着这种痕迹，还可知北方何时始食面，南方何时始食米。关于经济项下，此原则不能不采用，即"跟现存的追上去"。食的问题，诸食品中，何者原有，何者后入，乃至植物的栽培，动物的豢养，都可以从现在起，倒数上去。此法虽不能用得圆满结果，但非绝无路走。其中有些可以特别研究的，如米的应用及保存、分配的方法。应用方面，古代不单拿来食，而且用作货币。读《管子》，可知米是金融中很重要的物品。甚么时候完全是金融的要素？甚么时候完全把交易媒介的性质除去？研究起来，倒很有趣味。还有，禁米出口的政策，现在还有讨论的余地。关于米的支配，几千年来，不同旁的一样，旁的可以自由交易，米是民食所寄，政府、地方、社会，对于米都有特别的制裁，支配管理，都有殊异的方法。这也很有趣。所以食品史应有专篇，讲几千年来管理支配的方法如何？这倒不难，可从纸片上得资料。从现在看起，追寻上去，看二千年来何如。又如盐，也是消费要素之一，在中国史上的资料比较的很充足。自汉、唐以来，盐在财政上占极主要的地位。再溯上去，《管子》是战国的书，已说春秋战国时已有特别管理和支配盐的方法。所以做中国吃饭史，全部做的如何，很难讲；但很应该做，而且最少有若干问题有相当的资料，可以做得好。倘使研究一项，打开了一条活路；别项也得用同样的方法，追寻上去。

衣的方面：或者做起史来较容易些，因为保存下来的东西比较的多。如在日本考中国的服饰可以追到唐朝，有名的博物院中还有唐朝以下的实物。这因实物保存，所以比较的容易研究，但衣的方面，特别的问题很多，最须分类研究。如丝是中国可以自豪的，发明最早。但到甚么时候才有？最近李济之先生在山西夏县西阴村发现半个蚕茧，假使地层的部位不错，那么，中国在石器时代已有丝了。其次如麻，也是中国的特产，须特别研究。又其次如棉花，自唐以后，输入中国，证据很多。但到底是从南洋来抑从西域来？各说都有根据，我们如何取决？棉布又起自何时？是自己发明的还是从外国输入的？假使是输入的，又从何国输入？这个专题可得有趣的发明。还有，中国未有棉花以前是用甚么东西？近代的麻和古代的麻同类否？有多少种？从有丝到织呢绒绸缎，是自己发明的不是？问题真多，资料也不是没有，只等我们去研究。

住的方面：宫室建筑，拿现代所有做基本，推上去，也很可以。不过中国每经丧乱，毁灭无余。近如圆明园给英法联军一把火烧得干干净净，只剩了一个景福门和照壁围墙，最近几个月，也给军阀拆去了。自古至今，多少伟大的建筑，给那般暴徒毁去，以致今日研究起来，实在困难。只求纸片上的纪载，又很难得圆满的结果。但除了力求古迹以外，纸片也不是绝对没有贡献。其中的特别问题也很多，如衣食事项一样。如城郭，许是中国特有的文化，最少也是亚洲民族特有的，而且是中国人所发明。《史记·匈奴传》、《汉书·西域传》，以城郭的有无为开化半开化民族的符号。中国所谓城郭和欧洲中世所讲堡垒不同。堡垒似碉楼，是少数君主、贵族，专保自己财产用的。城郭不专为一人，不专为统治者的安全，而为保护一般人民的利益而设。大概古代人民，春秋散在田野；冬日把所有的收获品聚在一处，初为墙，后为城郭，以防御外来的强盗和外族的掠夺。这种城郭的发明，从何时起？殷墟文字里有多少城郭？殷朝、西周何如？春秋时代见于纪载的很多，可见已是一件很重要的事。后来竟变成文明人的标志。假如我们证实了城郭是中国民族的特别发明，可以追寻到古代，看某时某地有古城痕迹或纪载，就可知中国文化此时已到此地。最古，长城以外，没有城郭，西域各国，或有或没有。由此可见中国民族势力的消长。研究起来，虽很困难，但并不是没有路子，虽不能全部研究，但抽出若干种,比较的资料易得的,可以得许多成绩。此外的特别问题也不止一种,不能多讲。

食、衣、住三者的史料,除了纪载和实物以外,还有特别史料,是我们所能得,外人所不能得的。中国文字,象形、指事、会意诸种,研究起来,有许多可以发见有史以前的生活状态,其中乃至心理的状态也可以看出一部分。如内字表示穴居,以人入洞,和以人入门的闪字不同。如宫字表示两进的房子,到现在还适用,到欧洲可不适用的。如家字表示以物覆豕,是家的所在,可知古人由渔猎时代变成畜牧时代的时候,以豕为食物而始有固定的家。又如吉凶的凶字,表示设陷阱以捉野兽,野兽落到里面的样子。原来只有这种意义,后来才用为不利的意义。像这类在古文字上研究以求古代人类衣、食、住的状况,常有许多意外的收获。这种收获品是纪载上实物上所没有而文字中有的。假如小学家有社会学的根柢,很可以得奇异的发明。所以衣、食、住的专史,诚然难做,但不是绝对不可做,机会正多的很。

进一步到生产方面:生产的种类,分别为渔猎、畜牧、农耕、矿业、家庭手工业和现代工业,每一种须一专史,中间看那一种最发达,历史也跟著详细一点。

中国农业最发达而最长久,资料也很多,非给他做一部好历史不可。农业、农器、农产物的历史,都应该做。最主要的,尤其是田制。一直到现在,仍是最主要的问题。几千年来的政治家很用心去规定这种制度,许多学者也有很周密精详的主张,或已实行,或未试办。我们研究田制的变迁,有许多资料可供使用;只有肯去找,详审的选择叙述,可以得很有价值的历史。这不单是考古而已,或者有些学者或政治家所建议而未实行的制度,我们把他全录或摘抄下来,可以供现代的资鉴,而愈可以成为有价值的著作。

渔猎,畜牧,最初的社会已经有了,一直到现在,还是很重要的生产事业。矿业,到周代也已发明已利用,到今日,变成多种生产事业的发动力;假使没有矿业,多种生产事业都得停顿。所以我们做史,应该分别,一部一部的,各自著成一书。

家庭手工业在机械工业未输入以前的状况如何? 原来的机械工业在新式的机械工业未输入以前的状况如何? 自机械工业输入中国以后到现在有如何的发展,有无新的发明? 这种资料,东鳞西爪的,研究时要很费精神去寻找。

此外和生产事业极有关系的有三种:就是水利、交通、商业,不能不做专史。

历代以来,中国人对于消极的防水患,积极的兴水利,都极注意。如《资治通鉴》,每朝末叶,水患特别的多,前人以为天灾流行,其实则毫不足怪。新兴之朝,所以没有水患,只因当时上下对于修堤浚河的工作很用财力,人工可以征服自然。如清代河道总督,号称肥缺,有很充足的公款可供中饱;但一发现有舞弊情形或一遇河堤决口,马上就要拿去砍头,所以无论怎样贪婪的河道总督总得用心修理河道,所以清代水患比较的少。到了民国,一切的收入都跑进兵队和兵工厂和军阀的姨太太身上了,谁来理这闲事? 所以不讲别的,就是永定河就每年总有好几次发生危险。关于这类水利问题,历代工作的情形怎样,都得做成专史。

交通在现在以铁路、河海航线、电线最重要，汽车道也有人注意。这些事业，几时才输入中国？近来发达的情形如何？都是应该入史的。还有，古代没有这些东西，却有驿道、驿使做中央统制地方的利器，所以对于驿的制度很完善。驿道的路线，历代不同，逐代加增，研究的结果还可勉强画出地图来。驿道的管理法，驿使的多少，也得研究清楚。这类资料，倒也不少。我们可以从上古初辟草莱起，渐有舟车，渐有驿道、运河、海运、铁道、航线、电线、汽车道，乃至飞机、无线电、电话，都一一做成历史，分之各为专篇，合之联成交通专史。

商业自春秋、战国以后日见发达，以前也并非没有。我们须研究人类最初交易的情形如何？何以由物与物互易而变成物与币互易？春秋、战国对外的贸易何如？历代对于商人的待遇何如？汉、唐对于边界互市的状况何如？一直到现在与全球通商的经济战争情况如何？其中如货币的变迁尤其要特别的研究。关于货币的理论，如每值币制紊乱，讲求修正改革的奏疏之类，价值很高，是要收入货币史的。或者包括各种事实成一部商业史，或者分别作各种专史，都无不可。

上面交通和商业二种都属于交易方面，就是经济事项的第三种。再进一步，就要说到分配了（名达按：当日因时间来不及，未讲分配）。

——关于经济专史的分类，似乎不太科学的；不过稍微举个例，大概的讲一讲。近人关于货币、田制的著述，倒有一点，但都还得补正。此外各史，许多人未曾做，或认为不好做的，也未尝不可以设法研究。这全在我们的努力。

第四章　文化专史及其做法

　　狭义的文化譬如人体的精神,可依精神系发展的次第以求分类的方法。文化是人类思想的结晶。思想的发表,最初靠语言,次靠神话,又次才靠文字。思想的表现有宗教、哲学、史学、科学、文学、美术等。我们可一件一件的讲下去。

甲　语言史

　　在西洋言文一致,在中国文字固定,语言变化,两不相同。所以研究中国文化,要把文字同语言分开。

离开文字的语言已成过去,在固定的文字下研究变化的语言,异常困难;但并不是绝无资料。西汉末扬雄已经很注意这部分。新近学者研究语言的发展很快。我们的同学中有研究中国语言史者。起初我们以为很困难,现在已证明有路可走。看韵文的变化常可得着具体的原则。即如广东话,在中国自成一系。乡先生陈兰甫著《广东音学》,发明了广东话和旁的话不同的原则。近来赵元任先生研究现代语言,在声音方面也很有心得。文法方面,自汉以后宋人平话未发生以前,因土人作文喜用古时笔调,成为固定的,不肯参用俗调;通俗的白话又不曾在纸片上保存,所以现在很难考出。但我们从很缺乏的资料中跟著上去,也非绝对不能做史。宋、元以后,平话、小说、戏曲先后继起,语言的变化就渐渐可考了。

乙 文字史

清代以来,小学家根据《说文》,把文字划出一个时代来研究,成绩很高。后来甲骨文发现,文字学上起了很大的变化。国内唯一的大师,王静安先生,研究得很好,我们希望努力下去,可以得文字的最初状况。再由古及今,把历代的文字变迁都研究清楚,可以做成中国文字史。

丙 神话史

语言文字之后,发表思想的工具,最重要的是神话。由民间无意识中渐渐发生某神话，到某时代断绝了。到某时代，新的神话又发生，和神话相连的是礼俗。神话和礼俗合起来讲，系统的思想可以看得出来。欧洲方面，研究神话的很多。中国人对于神话有二种态度：一种把神话与历史合在一起，以致历史很不正确；一种因为神话扰乱历史真相，便加以排斥。前者不足责；后者若从历史着眼是对的。但不能完全排斥，应另换一方面，专门研究。最近北京大学研究所研究孟姜女的故事，成绩很好，但范围很窄，应该大规模的去研究一切神话。其在古代，可以年代分；在近代，可以地方分，或以性质分。有种神话竟变成一种地方风俗，我们可以看出此时此地的社会心理。

有许多神话夹在纪真事的书里。如《山海经》，若拿来作地理研究，固然很危险；若拿来作神话研究，追求出所以发生的原因来，亦可以得心理表现的资料。如纬书，从盘古、伏羲、神农、轩辕以来的事情很多，又包含许多古代对于宇宙的起源和人类社会的发生的解释。我们研究古人的宇宙观、人生观和古代社会心理，与其靠《易经》，还不如靠纬书和古代说部如《山海经》之类，或者可以得到真相。又如《金縢》夹在二十八篇真《尚书》中，所述的事非常离奇。那些反风起禾的故事，当时人当然相信；如不相信，必不记下来。我们虽不必相信历史上真有这类事，但当时社会心理确是如此。又如《左传》里有许多灾怪离奇的话，当然不能相信，但春秋时代的社会心理大概如此。

又如《逸周书》在历史上的价值如何，各人看法不同；其中纪载杀多少人，虏多少人，捕兽多少，我们不能相信。孟子说："仁者之师无敌于天下……如之何其血流漂杵也？……吾于《武成》，取其二三策而已。"事实固然未必全属真相；但战争的结果，当然很残忍，这点可认为事实；又看当时所得猛兽之多，参以《孟子》别篇所谓"周公兼夷狄，驱猛兽，而天下宁"，可知当时猛兽充斥于天下。这种近于神话的夸大语，也自有他的历史背景。我们因他夸大某事，可相信当时实有某事，但不必相信他的数目和情形。

神话不止一个民族有，各族各有其相传的神话。那些神话互相征服同化，有些很难分别谁是谁族的。我们应当推定那一种神话属于那一种民族或那一个地方。如苗族古代和中原民族竞争很烈，苗族神话古代也特别多，我们若求出几个原则，把苗族神话归纳出来，倒很可知道苗族曾经有过的事项、风俗和社会心理。苗族史虽不好研究，而苗族神话史却很可以研究出来。

后代一地方有一地方的神话。《荆楚岁时记》和这类文集、笔记、方志所讲的各地风俗和过节时所有的娱乐，若全部搜出来做一种研究，资料实在多。如苏东坡记四川的过节，范石湖记吴郡的过节，若分别研究，可以了解各地方心理和当时风俗，实在有趣。

中国的过节实在别有风味，若考究他的来源，尤其有趣味。常常有一种本来不过一地方的风俗，后来竟风行全国。如寒食是春秋晋人追悼介之推的纪念日，最初只在山西，后来全国都通行了，乃至南洋、美洲，华人所至之地都通行。可是现在十几年来，我们又不大实行。又如端午，初起只在湖南竞渡，最多也不过湖北，后来竟推行到全国。又如七夕，《诗经》有"宛彼牵牛"之句，牵牛与织女无涉。古诗十九首有"迢迢牵牛星，皎皎河汉女，盈盈一水间，脉脉不得语"，成为男女相悦了。后来竟因此生出七夕乞巧的节来。最初不过一地的风俗，现在全国都普遍了，这类的节，虽然不是科学的，却自然而然表示他十分的美。本来清明踏青，重阳登高，已恰合自然界的美，再加上些神话，尤其格外美。又如唐、宋两代，正月十五晚，皇帝亲身出来凑热闹，与民同乐。又如端午竞渡，万人空巷。所以，最少，中国的节都含有充分的美术性；中国人过节，带有娱乐性。如灯节、三月三、端午、七夕、中秋、重阳、过年，都是公共娱乐的时候。我们都拿来研究，既看他的来源如何，又看他如何传播各地，某地对于某节特别有趣，某时代对于某节尤其热闹，何地通行最久，各地人民对于各节的意想如何，为甚么能通行，能永久。这样极端的求得其真相，又推得其所以然，整理很易得的资料，参用很科学的分类，做出一部神话同风俗史来，可以有很大的价值。

丁　宗教史

在中国著宗教史——纯粹的宗教史——有无可能，尚是问题。宗教史里边，教义是一部分，教会的变迁是一部分。教义是要超现实世界的，或讲天堂，或讲死后的灵魂，无论那一宗教都不离此二条件。其次，宗教必有教会；没有教会的组织，就没有宗教的性质存在。根据这两点来看，中国是否有宗教的国家，大可研究。近来推尊孔子的人想把孔子做宗教，康南海先生就有这种意思，认孔子和外国人的宗教一样去研究。一般攻击孔子的人又以为孔子这种宗教是不好的，如吴稚晖先生和胡适之先生。其实两种看法都失了孔子的真相。第一点，可以说，宗教利用人类暧昧不清楚的情感，才能成功，和理性是不相容的，所以超现实，超现在。孔子全不如此，全在理性方面，专从现在现实著想，和宗教原质全不相容。第二点，教会，孔子以后的儒家是没有的，现在有的是冒牌。

再看孔子以外的各家。关于第一点，道家，老子、庄子虽有许多高妙的话，像是超现实超现在，而实质上是现实的现在的应用，道家实在不含宗教性。比较的，古代思想只有墨家略带宗教性，讲天志，讲明鬼，稍有超现实的倾向，但仍是现实的应用。墨家并未讲死后可以到天堂，亦未讲死后可以做许多事业，不过讲在现实的几十年中，好好的敬天，做好事，天自然会赐以幸福，所以墨家仍不能认为宗教。关于第二点，道家也没有教会，墨家有钜子，颇像罗马的教皇，未能明了他如何产生，虽然当战国时代，许有百余年曾有过教会的组织，但后来消灭了。现在留存的材料极少，除了讲钜子的几条以外，别无可找。

中国土产里既没有宗教，那么，著中国宗教史主要的部分，只是外来的宗教了。外来宗教是佛教、摩尼教、基督教，最初的景教，后来的耶稣教、天主教等。主要的材料，纯粹是外来的宗教著作，都是死的，无大精彩。只有佛教有许多很有精彩的书，但应该摆在哲学史里抑宗教史里还是问题。为著述方便起见，摆在哲学史更好；因为佛教的理性很强，而且中国所感受，哲学方面为多。佛教到中国以后，多少派别，当然应该摆在哲学史，因为六朝、隋唐一段的哲学史全靠佛教思想做中坚。其中纯粹带宗教性而且很强的只有净土宗,但也很难讲。又佛教的禅宗,勉强可以说是中国自创的一派,然很近哲学,到底应认为教派,抑应认为学派,又是问题。据我看,做学派研究,解释要容易些。到底那一部分应归宗教,那一部分应归哲学,分起类来很不方便。若把全部佛教移到哲学,那么宗教史的材料更少了。

为甚么宗教在中国不发达？大抵因为各种宗教到了中国,不容易有好教会的组织发生。最近基督教宗中如燕京大学一派有组织中国基督教会的运动,我很赞成。因为人类应有信仰宗教的自由,我们不能因为他是外来的就排斥他。基督教所以可恨,只因他全为外国人包办。假使由中国人来办,就可免掉外国借手侵略的野心,所以若做宗教史,最后一页,可以讲有少数人有这种运动。他们既然信仰基督教,当然应该努力;但事实上未必成功,如有可能,恐怕早已有人做成功了。

就外来的宗教讲,其教理要略及其起原,用不着在中国宗教史讲。在中国内部,所谓教会的形式,又没有具体的。中国宗教史只能将某时代某宗派输入,信仰的人数,于某时代有若干影响,很平常的讲讲而已。虽或有做的必要,却难做得有精彩。

就中国原有的宗教讲,先秦没有宗教,后来只有道教,又很无聊。道教是一面抄袭老子、庄子的教理,一面采佛教的形式及其皮毛,凑合起来的。做中国史,把道教叙述上去,可以说是大羞耻。他们所做的事,对于民族毫无利益;而且以左道惑众,扰乱治安,历代不绝。讲中国宗教,若拿道教做代表,我实在很不愿意。但道教丑虽很丑,做中国宗教史又不能不叙。他于中国社会既无多大关系,于中国国民心理又无多大影响,我们不过据事直书,略微讲讲就够了。

做中国宗教史,倒有一部分可写得有精彩。外国人称中国人奉多神教,名词颇不适当。多神教是对一神教而言。基督教、犹太教是一神教,其他都是无神教,佛教尤其是无神教,西洋人不曾分别这点,说印度人奉佛教即奉多神教。中国孔子不讲神,说:"未能事人,焉能事鬼?""未知生,焉知死?"然而孔子对于祭祀却很看重。《论语》说:"祭如在,祭神如神在。"孔子一面根本不相信有神,一面又藉祭祀的机会,仿佛有神,以集中精神。儒家所讲的祭祀及斋戒,都只是修养的手段。《论语》说:"非其鬼而祭之,谄也。""其鬼"和"非其鬼"的分别,和西洋人的看法不同。意思只是,鬼神不能左右我们的祸福;我们祭他,乃是崇德报功。祭父母,因父母生我养我;祭天地,因天地给我们许多便利,父母要祭,天地山川日月也要祭;推之于人,则凡为国家地方捍患难建事业的人也要祭;推之于物,则猫犬牛马的神也要祭;如此,"报"的观念便贯彻了祭的全部分。这种祭法,和希腊、埃及的祭天拜物不同。他们是以为那里面有甚么神秘,乃是某神的象征,并不因其有恩惠于人而去祭他。老实讲,中国所有的祭祀,都从这点意思发源,除了道教妖言惑众的拜道以外。我们将历代所拜的神罗列起那些名词来,分类研究其性质及变迁,实在很有趣味。

我们看,古时的人常常因感恩而尊所感的人为神。如医家祭华佗、扁鹊,戏子祭唐明皇。若把普通人祭甚么,某阶级祭甚么,分类求其祭的原因及起原的情形,可以得知十有八九是因为报恩的。

若看历代所崇拜的神的变迁,尤其有意思。——例如近代最行运的神是关羽;关羽以前是蒋子文。南京钟山,也叫蒋山,即因蒋子文得名。蒋子文是一个知县,六朝人,守南京,城陷,殉节。他官阶既比关羽低,时代又比关羽后,但同是殉节的人,都合于祀典"以死勤事则祭之"的向例。这类殉节的人,古来很不少;不过蒋子文当时死得激烈一点,本地人崇拜他,祭祀他,起初称他知县,其后称他蒋侯,其后又称他蒋王,最后竟称他蒋帝。祭他的地方不很多,只在南朝各地;但南朝各代,上自皇宫,下至偏僻市镇,都很虔诚的祭他。比较关羽的享遇,当然差得远;但人虽生于关羽之后,神却成于关羽之前,关羽的运气,行得很迟;到明末才有许多地方祭他为神,到满人入关,才极通行。满洲人翻译汉文成满文的,最初一部是《三国演义》。一般人看了,认关羽是惟一的人物。后来迭次打胜仗,都以为靠关羽的神帮助。所以八旗兵民所到的地方,没有不立关帝庙祭关羽的。皇帝在文庙祭孔子,在武庙就祭关羽、岳飞。无形中,社会受了莫大的影响。乃至没有甚么地方不祭关羽,没有甚么地方没有关帝庙。诸位的故乡,自然有这种风俗。就是现在从清华园大门出去,那正蓝旗和正白旗,二个村庄不见他有甚么宗祠家庙,倒都有关帝庙占正中的位置,做全村公共会集的地方。诸君再到北京前门外那个有名的关帝庙,一问那看庙的人,一定可以得到一件有趣的故事:"明万历间,宫中塑了两个关帝偶像,叫人给他俩算命,神宗皇喜欢的那个,偏偏命不好;皇帝讨厌的那个,偏偏有几百年的烟火。皇帝发脾气了,吩咐把自己喜欢的供在宫中,把那个讨厌的送往前门外的庙里去。那知道,后来李闯一进宫门,便把那关帝像毁了；前门外那个关帝像到现在还有人供祀。"关羽是特殊有运气的神，时间已有四五百年，地方遍及全国。还有运气不好的，如介之推，除了山西以外，没有庙；如屈原，除了湖南以外，也没有庙。然而寒食、端午两节，专是纪念他俩的，也带了十足的崇拜先哲的意思，和庙祀差不多。——我们若是把中国人所供祀的神，一一根究他的来历，大抵没有不是由人变来的。我们看他受祀范围的广狭，年代的久暂，和一般民众祀他的心理，做成专篇，倒是宗教史里很有精彩的一部分。所以可以说中国人实在没有宗教，只有崇德报功的观念。

还有一点，在宗教史上要说明的。中国人信佛宗释伽牟尼，信道宗太上老君，信基督教宗基督，同时可以并容，决不像欧洲人的绝对排斥外教。佛教输入以后，经过几次的排斥，但都不是民众的意思。北魏太武帝、北周武帝、唐武帝三次摧残佛教，其动机都因与道教争风。当时那两教的无聊教徒，在皇帝面前争宠，失败了的，连累全教都失败，这和全国民众有何相关？中国所以不排斥外教，就因为本为没有固定的宗教，信教也是崇德报功的意思。基督教输入以后，所以受过几次的激烈排斥，也只因基督教徒本身有排外的思想，不容外教的存在。回教谟罕默德出于摩西，也是排外的教。摩西之所以起，即因争夺南方膏腴之地而起。基督教到罗马，以教会干涉政治；回教所到之处亦以教会干涉政治：那自然和本方人的权利思想不相容，自然会引起相当的反感。当他们初入中国，未现出侵略的野心以前，中国人是无不欢迎的。自唐朝景教流行到明末基督教再来，都不曾有甚么反动。后来因为旧教天主教有垄断政权的嫌疑,新教耶稣教又有侵略主义的野心,所以我们才排斥他。回教输入中国以后的情况,也是一样。

关于这点——中国人对于外来宗教的一般态度,很值得一叙。我们常常看见有许多庙里,孔子、关羽、观音、太上老君,同在一个神龛上,这是极平常的现象。若不了解中国人崇德报功的思想,一定觉得很奇怪。其实崇德报功,只一用意,无论他的履历怎样,何妨同在一庙呢?譬如后稷和猫都有益于农耕,农人也常常同等供祀,又有何不可呢?

做中国宗教史,依我看来,应该这样做:某地方供祀某种神最多,可以研究各地方的心理;某时代供祀某种神最多,可以研究各时代的心理,这部分的叙述才是宗教史最主要的。至于外来宗教的输入及其流传,只可作为附属品。此种宗教史做好以后,把国民心理的真相,可以多看出一点;比较很泛肤的叙述各教源流,一定好得多哩。

戊 学术思想史

中国学术不能靠一部书包办,最少要分四部:

子 道术史——即哲学史

丑 史学史

寅 自然科学史

卯 社会科学史

四部合起来,未尝不可;然性质既各不同,发展途径又异,盛衰时代又相参差,所以与其合并,不如分开。现在先讲道术史的做法。

子 道术史的做法

中国道术史,看起来,很难做。几千年来的道术合在一起,要想系统分明,很不容易。不过,若把各种道术分为主系、闰系、旁系三类,好好的去做,也不是很难。主系是中国民族自己发明组织出来,有价值有权威的学派,对于世界文化有贡献的。闰系是一个曾做主系的学派出来以后,继承他的,不过有些整理解释的工作,也有相当的成绩的。旁系是外国思想输入以后,消纳他,或者经过民族脑筋里一趟,变成自己的所有物,乃至演成第二回主系的思想的。几千年来的思想,认定某种属某系,有了纲领,比较的容易做。

主系思想,有价值的,不过两个时代:一、先秦;二、宋明(包括元代)。要做中国道术史,可以分做上下两篇,分讲先秦、宋明两个主系;但非有真实的学问加精细的功夫不可。

所谓闰系,如汉朝到唐初对于先秦的学术,清朝对于宋、明,是闰系。因为汉、唐人的思想不能出先秦人的范围,清人的思想不能出宋、明人的范围。虽然东汉以后已有一部分旁系发生,清朝也有一部分旁系发生,但闰系的工作仍占一部分,不妨分别叙述。

所谓旁系,最主要的是六朝、隋唐间的佛学。那时代把佛学输入以后,慢慢的消化,经过一番解释,准备做第二回的主系。这个旁系,和第一回主系先秦没有关系,但是宋明主系的准备。还有一种旁系,就是现代。再追远一点,到明中叶基督教的输入;但那时的关系很微,到最近三四十年才发达。此刻的旁系,比隋唐的佛学还弱的很;将来在学术上的位置很难讲,倒有点像东晋、南北朝的样子,离隋唐尚远。东晋时,佛教各派思想都已输入,但研究者仅得皮毛,还没有认真深造的工作。中间经几百年,到隋唐而后才有很体面的旁系出现。因旁系的体面而有融会贯通,自创一派的必要。现在的中国,我们希望,更有一个主系出现,和第一主系、第二主系都要不同才好。宋明思想和先秦思想,好坏另是一件事,性质可绝不相同,旁系发达到最高潮,和过去的主系结婚,产生一新主系,这是宋明道术的现象。现在的中国也有这种产生第三主系的要求,但主系产生的迟早,要看我们努力的程度如何。此刻努力,主系可以早出现。此刻不努力,或努力不得其方,恐须迟延到若干年后。但第三主系的产生,始终必可实现,因为现在正是第二旁系输入中国的时期。

若是拿上述那种眼光来做道术史,并不难做,做的时候全部精神集中到主系。第一主系,范围既广,方面又多,要说明他,是很困难。但是细细辨别起来,也还容易。春秋战国以前,都是酝酿时代;可由《诗经》、《书经》、《左传》所载,说明白古代思想的渊源。春秋战国——即先秦——是主系的所在。那时各家的著作,打开《汉书·艺文志》或《二十二子》、《百子全书》一看,似乎浩如烟海;其实若仔细分别一下,真的先秦书实在不多,屈指可数。做道术史做到先秦,最要紧的是分派。分派的主张,各人不同。司马谈分为六家,刘歆、班固分为九流十家,其实都不很对。老实讲,只分儒、道、墨三家就够了。再细一点,可加上阴阳家及法家。而最重要的仍是前三家。能把这三家认识得清楚,分别得准确,叙述得详明,就很好了。阴阳家如邹衍一派,没有几本书;汉初以后的阴阳家是否先秦邹衍这派,很值得研究。

第一闰系,就是第一主系的余波;从全部思想看来,不能占重要的位置,他的叙述,不能和第一主系平等看待。这时第一要紧的事,就要把各家的脉络提清,看他如何各自承受以前的学风,如何各自解释本派的学说,如何本派又分裂为几派,如何此派又和彼派混合。儒家,战国末已分为八派,须要分别说明。汉朝那般经学家墨守相传的家法,有许多迂腐离奇的思想,须要看他如何受阴阳家的影响。道家如《淮南子》,在闰系中很有价值;那些派别,须要分清。墨家思想到汉朝已中绝,但也有见于他书的;如《春秋繁露》,一部分是阴阳家的思想,另一部分是墨家的思想。

无论那派,当一大师创造提倡之时,气象发皇,有似草木在夏天。其先慢慢的萌芽、长叶、含苞、吐蕊,有似草木在春天。其后落华取实,渐至凋落,有似草木在秋天。又后风采外谢,精华内蕴,有似草木在冬天。譬如第一主系的先秦,各家都忙于创作,未暇做整理的工夫。其先当然是酝酿时期,没有急遽的进步,其后到西汉,各家都不去创作,专事整理。在前未入完成的部分,经这期的人加添润饰,果熟蒂落。在前未应用到社会的部分,经这期的人一一实现到社会应用上去,社会都受其赐了。关于后者,汉朝在政治史上所以占重要位置,在道术史上所以是闰系,都因享受先秦的结果。如儒家,经过西汉二百年儒者的传习理解,已竟深入人心,到东汉便实现到社会上去,像收获果实一样,所以东汉的政治组织,民众风俗,在中国是小小的黄金时代。关于前者,汉朝在秦皇焚书之后,书籍残缺,耆宿凋落,后辈欲治先秦的学问,真不容易。所以一般学者专事解释先秦著作，不知创作。但因古文字可以有多方面的解释，各家墨守祖说，互争小节，思想变为萎靡不振的现象。而且一种学术，无论如何好，总有流弊；况经辗转传说，也不免有失真象：所以一种学术应用到社会上，算是成功，也就因此腐坏，有如果实烂熟而发生毛病一样。所以研究闰系思想，一方面看他们如何整理解释，不忘他们工作的功劳；一方面也要注意他们彼此做无聊的竞争，生出支离破碎的现象。所以叙述闰系和叙述主系不同：对于第一主系的几派，要详细研究其内容的真相；对于第一闰系却可不必。汉朝十四博士的设立，乃至各博士派别的差异，我们可以不必管他。主系须看内容；闰系只看大概，只看他们一群向那里走。我们做第二主系，用此做法，并不很难。

第一旁系的发生，很重要。佛教到底应摆在宗教史还应摆在道术史，很费斟酌。单做佛教史，当然可以详说；但做道术史，则仍以摆在道术中为是。在中国的佛教，惟净土宗及西藏、蒙古的喇嘛教应摆在宗教方面。因为纵使他们有相当的哲理，而在中国本部文化上的影响很少；即西藏、蒙古人之信仰喇嘛，也并不因他有哲理，所以应该收入宗教里。此外，自隋唐以来，最初的毗昙宗到三论宗、摄论宗，小乘的毗昙宗，大乘的教下三家——天台宗、华严宗、法相宗，乃至禅宗，都关于哲理方面。大多数的佛教徒，信宗教的成分，不如研究哲理的成分多。简单讲，除密宗在蒙、藏应列入宗教史以外，其他都应收入道术史。这部分工作，颇不容易。第一，要说明原始佛教何如？印度佛教的分化发展何如？因为要想了解新妇的性情，非先了解她的娘家不可。所以先应忠实的看佛教起原及其分化发展,然后可叙中国的佛教。第二,东汉、三国、西晋、南北朝是翻译时期,但能吞纳,不能消化。所以应该叙述那时输入的情况何如? 输入了些甚么东西? 那些译本是否能得原本真相,没有错误。第三,最主要的唐朝教下三家,要集中精神去说明。法相宗从印度由玄奘带来。玄奘以前,只是印度人讲。到玄奘译著《成唯识论》,才开这个宗派。但《成唯识论》是玄奘及其弟子窥基把释伽牟尼以后十家的道术汇合翻译,参以己意,才做成的。此种译著,为功为罪,尚不分明。十家的内容,很难分别;其中以护法为主,而其余九家,不易看出。十家的道术,经过玄奘、窥基的整理,去取之间,很有选择。虽说原是印度人的思想,但其中实参加了中国几个大师的成分。天台宗是智者大师所创,后来印度来的许多大师都很佩服他。认真看起来,天台宗的确和印度各宗不同。许多人攻击他,以为不是真佛教;其实这种不纯粹的洋货,我们治学术史的人尤其要注意。华严宗不是纯粹出自中国,也不是纯粹出自印度,乃出自现在新疆省的于阗。佛教到于阗才发生华严宗,华严宗到中国本部才成熟,至少不是印度的。——所以所谓教下三家,可说完全都是中国的;此外教外别传,如禅宗,神话说是达摩自印度传来的,我们研究的结果,不肯相信。他所谓西方二十八祖,全是撑门面的;实在只有五祖和慧能,纯是中国的学派。所以禅宗的学风,也纯是中国的创作,应该和教下三家同样的用力叙述。

佛教虽是旁系,但做起来的时候,应该用做主系的方法去研究。因为起初虽自外来,但经过中国人消化一次,也含有半创作性。所以除了简单讲印度佛教的起原和变迁以后,主要各宗派,在中国的,应该用研究先秦各家的方法去研究。看他不同之点何在?主要之点何在?这是做中国道术史比较的困难所在。其实也并不困难。因为书籍尽管多,要点只是这几个,不过我们没有研究,心惊便是了。只要经过一番研究,得着纲领,做起史来,实在容易。

旁系之中,附带有他的闰系。讲亦可,不讲亦可。若是顺便讲的话,佛教的创作至唐开元而止,中唐以后及五代,便是佛教的闰系。后来法相宗的消灭,华严宗的衰微,天台宗的分裂为山内山外,禅宗的分为五派,自来讲中国佛教掌故的最喜欢讲这些东西,实在这都是闰系的话,旁系的主要点全在内容的说明。

现在有许多人感觉做中国道术史的困难,以为三国到隋唐实在没有资料。其实,那有一个这么长的时代而没有道术之理?他们把这时代省去,中间缺了一部分还那里成为道术史?再则,这部分工作如果落空,宋明哲学——第二主系思想——的渊源如何看得出来?所以认真做中国道术史的人,应当对于第一旁系——佛教——加以特别的研究。

再往下就是第二主系——宋明道术。宋儒自称直接孔孟心传,不承认与佛教有关系,而且还排斥佛教。另一方面对他们反动的人攻击他们,以为完全偷窃佛教唾余,自己没有东西。清代的颜元、戴震和近代的人,连我自己少时也曾有这种见解。其实正反两方都不对:说宋明道术完全没有受佛教的影响固然非是,说宋明道术自己没有立脚点也是误解。简单讲,儒家、道家、先秦、两汉,本有的思想,和印度佛教思想结婚,所产生的儿子,就是宋明道术。

他含有两方的血统,说他偏向何方都不对。思想的高下虽可批评,然实在是创作的。先秦主系都是鞭辟近里,把学术应用到社会上去。两汉闰系专门整理解释,离实际生活太远了。宋明学者以汉唐的破碎支离的学问,繁琐无谓的礼节,与人生无关,乃大声疾呼的,说要找到一种人生发动力,才算真学问,所以超越闰系,追求主系本来面目如何,其与社会有如何的关系。宋明道术所以有价值,就在这一点。但他们所谓回到本来面目,是否达到,却不敢说。不过,以古人的话启发他自己的思想,实在得力于旁系的影响。当宋朝的时候,佛教旁系已成了闰系,派别很多。法相宗、华严宗虽已消灭,天台宗、禅宗却分为好几派,和两汉今古文之争一样,互相攻击,对于社会人心倒没有多大关系。但一般学者,因苦于汉唐经学之茫无头绪,总想在佛经上求点心得。如二程、朱子之流,少年皆浮沉于佛教者若干年,想在那方解决人生的究竟。但始终无从满足这种欲望,所以又返而求之于先秦。研究佛经时虽未能解决人生问题,但已受有很深的影响;以后看先秦书籍时,就如戴了望远镜或显微镜,没有东西的地方也变成有东西了。一方面,整个社会经过佛教数百年的熏炙,人人心里都受了感染。所以一二学者新创所谓道学,社会上云起风涌的,就有许多人共同研究,而成为灿烂发皇的学派。

我们研究这个主系,家数虽多,但方面不如第一主系的复杂。第一主系,儒、道、墨三家分野很清楚。第二主系,许多家数所讨论的不过小问题,不可多分派别。依普通的讲法,可分程朱、陆王二派。其余各小派,可以附带择要叙述,如北宋的邵雍、欧阳修、王安石,南宋的张栻、吕祖谦、陈亮、叶适等。这样比较的可以容易说明,免去许多麻烦。

再下去是第二闰系,就是清朝道术。但清朝一方面虽是宋明的闰系,一方面又是作未来主系的旁系。所谓第二闰系,即清朝的宋学家。他们一方面作宋明的解释,一方面即作先秦的解释。清朝主要的思想家有影响的真不多。其中有许多大学者,如高邮王氏父子,不能说是思想家;不过工作得还好而已,对于道术史全部分,无大影响。

统观清代诸家,考证家可以补第一闰系的不足,理学家可以做宋明的闰系;中间又有旁系的发生,无形中受了外来的影响,就是颜元、戴震一派。颜、戴并不奉信基督教,也许未读西文译本书,但康熙朝基督教很盛,往后教虽少衰而思想不泯,学者处这种空气中,自然感受影响,也想往自然科学方面走,不过没有成功就是。

现在往后,要把欧美思想尽量的全部输入,要了解,要消化,然后一面感觉从前学术不足以解决我们的问题,一面又感觉他们的学术也不足以解决他们的问题,然后交感而生变化作用,才可以构成一种新东西。做道术史到最后一章,要叙述现在这个时代是如何的时代:闰系的工作过去了,旁系的工作还没有组织的进行,发生主系的时间还早——给后人以一种努力的方向。

理想的中国道术史,大概分这几个时代,抓著几个纲领做去,并不困难,或全部做,或分部做,都可以。

丑　史学史的做法

史学,若严格的分类,应是社会科学的一种。但在中国,史学的发达,比其他学问更利害,有如附庸蔚为大国,很有独立做史的资格。中国史学史,最简单也要有一二十万字才能说明个大概,所以很可以独立著作了。

史学的书,在《七略》和《汉书·艺文志》,并未独立成一门类,不过《六艺略》中《春秋》家附属之一。《隋书·经籍志》依魏荀勖《新簿》之例,分书籍为经、史、子、集四部,史占四分之一,著作的书有八百六十七部,一万三千二百卷,比较《汉志》大大的不同,可见从东汉到唐初,这门学问已很发达了。

这还不过依目录家言,实则中国书籍,十之七八,可以归在史部。分部的标准,各目录不概同,《隋志》的四部和《四库全书》的四部,名同而实异,范围很不一致。单就史部本身的范围而论,可大可小;若通盘考察,严格而论,经、子、集三部,最少有一半可编入史部,或和史部有密切的关系。

如经部诸书,王阳明、章实斋都主张"六经"皆史之说,经部简直消灭了。宽一点,《易经》、《诗经》,可以不算史;《尚书》、《春秋》,当然属史部;《礼》讲典章、制度、风俗,依《隋志》的分法,应归入史部;《尚书》、《春秋》、《礼》既已入史部,三《传》二《记》也跟了去,经部剩的还有多少?

子部,本来就分得很勉强。《七略》、《汉志》以思想家自成一家之言的归子部,分九流十家,比较还算分得好。但那些子书和史部可很有关系。如《管子》和《晏子春秋》、《韩非子》讲的史事极多,几乎成为史部著作。汉后思想家很少,综核名实,配不上称子而入子部的最少有一半;那些子书所以存在,全因他纪载了史事。即如

《史记》纪载史事，司马迁当初称他《太史公书》，自以为成一家之言，若依规例，自然应归子部。可见子部、史部本来难分，前人强分只是随意所欲，并没有严格的分野。

集部，《汉志·诗赋略》所载诸书，纯是文学的。后来的集，章实斋以为即是子，因其同是表示一人的思想。如《朱子全集》、《王阳明全集》虽没有子的名称，但已包举本人全部思想，又并不含文学的性质，为什么又入集部，不入子部呢？如《杜甫集》、《李白集》纯是文学的，犹可说。若《朱子集》、《阳明集》以及《陆象山集》、《戴东原集》，绝对不含文学的性质的，拿来比附《汉志》的《诗赋略》，简直一点理由也没有，我们是绝对不认可的。集部之所以宝贵，只是因为他包含史料。如纪载某事、某人、某地、某学派，集部里实在有三分之二带史部性质。就是纯文学的作品包含史料也不必少。如《杜甫集》，向来称做诗史。凡研究唐玄宗、代宗、肃宗诸朝的情形的，无不以《杜甫集》做参考。这还可说特别一点，其余无论那一部集，或看字句，或看题目，可以宝贵的史料仍旧到处都是。不必远征，前年我讲《中国文化史·社会组织篇》，在各家文集诗句里得了多少史料，诸君当能知道。以此言之，纯文学的作品也和史部有关。

所以中国传下来的书籍，若问那部分多，还是史部。中国和外国不同。外国史书固不少，但与全部书籍比较，不如中国。中国至少占什之七八。外国不过三分之一。自然科学书，外国多，中国少。纯文学书，外国也多，中国也少。哲学、宗教的书，外国更多，中国更少。

此何以故？中国全个国民性，对于过去的事情，看得很重。这是好是坏，另一问题。但中国人"回头看"的性质很强。常以过去经验做个人行为的标准，这是无疑的。所以史部的书特别多。

中国史书既然这么多，几千年的成绩，应该有专史去叙述他。可是到现在还没有，也没有人打算做，真是很奇怪的一种现象（名达案：民国十四年九月，名达初到清华研究院受业于先生，即有著《中国史学史》之志，曾向先生陈述；至今二年，积稿颇富，惟一时尚不欲草率成书耳）。

中国史学史，最少应对于下列各部分特别注意：一、史官；二、史家；三、史学的成立及发展；四、最近史学的趋势。

最先要叙史官。史官在外国并不是没有，但不很看重；中国则设置得很早，看待得很尊。依神话说，黄帝时，造文字的仓颉，就是史官，这且不管；至迟到周初，便已看重史官的地位。据金文——钟鼎文——的纪载，天子赐钟鼎给公卿诸侯，往往派史官做代表，去行给奖礼。周公时代的史佚见于钟鼎文就不下数十次，可见他的地位很高。他一人如此，可见他那时和他以前，史官已不是轻微的官了。殷墟甲骨文，时代在史佚之前，已有许多史官名字，可知殷代初有文字，已有史官，《尚书》的《王命》《顾命》两篇，有史官的事实，这是见于书籍的纪元。《左传》纪载晋董狐、齐北史氏的直笔，称道史官的遗烈，可见在孔子以前，列国都有史官，不独天子。孟子说："晋之《乘》、楚之《梼杌》、鲁之《春秋》，其实一也。"墨子说曾见百国《春秋》。《左传》记晋韩宣子聘鲁，观书于太史氏，得鲁《易象》与《春秋》，可见春秋战国时代，列国都有《春秋》一体的史书，而且都是史官记的，所以后来司马迁叫他"诸侯史记"。晋太康三年，汲郡发掘晋襄王冢，得到的许多书中，有一部似《春秋》，纪载黄帝以来的事实，自晋未列为诸侯以前，以周纪年；自魏未为诸侯以前，以晋纪年；自魏为诸侯以迄襄王，以魏纪年，而且称襄王为今王。这部书，当时人叫他《竹书纪年》，后来佚了，现在通行的是假书，王静安先生所辑的略为可靠。据《晋书》所载《竹书纪年》的体裁，《竹书纪年》当然是魏史官所记，和鲁史记的《春秋》一例。其余各国史官所记，给秦火焚毁了，想来大概都是《竹书纪年》一体，而且各国都有史官职掌这事的。还有一点，值得注意。《竹书纪年》的纪载从黄帝、尧、舜一直到战国，虽未必全真，由后人追述的也有，但亦必有所本，不能凭空杜撰。其中所载和儒家传说矛盾的，如启杀伯益，伊尹杀太甲，夏年多于殷，亦必别有所本。他又并不瞎造谣言，有许多记载已给甲骨文、钟鼎文证明是事实。这可见魏史官以前有晋史官，晋史官以前有周史官，周史官以前有殷史官……一代根据一代，所以才能把远古史事留传下来。虽然所记不必全真全精，即此粗忽的记载，在未能证明其为全伪以前，可以断定中国史官的设置是很早很早的。最低限度，周初是确无可疑的已有史官了。稍为放松一点，夏、商就有，亦可以说。中国史学之所以发达，史官设置之早是一个主要原因。

其次，史官地位的尊严，也是一个主要原因。现在人喜欢讲司法独立，从前人喜欢讲史官独立。《左传》里有好几处纪载史官独立的实迹。如晋董狐在晋灵公被杀以后，书"赵盾弑君"，赵盾不服，跟他辩，他说，你逃不出境，入不讨贼，君不是你弑的是谁？赵盾心虚，只好让他记在史册。又如崔杼杀齐庄公，北史氏要书"崔杼弒君"，崔杼把他杀了，他的二弟又要书，崔杼把他的二弟杀了，他的三弟不怕死，又跑去要书，崔杼短气，不敢再杀，只好让他。同时，南史氏听见崔杼杀了几个史官，赶紧跑去要书，看见北史氏的三弟已经成功了，才回去。这种史官是何等精神！不怕你奸臣炙手可热，他单要捋虎须。这自然是国家法律尊重史官独立，或社会意识维持史官尊严，所以好的政治家不愿侵犯，坏的政治家不敢侵犯，侵犯也侵犯不了。这种好制度不知从何时起，但从《春秋》以后，一般人暗中都很尊重这无形的纪律，历代史官都主张直笔，史书做成也不让皇帝看。固然，甚么制度，行与不行，都存乎其人，况且史官独立半是无形的法典？譬如从前的御史，本来也是独立，但是每到末世，就变皇帝大臣的走狗。又如民国国会的猪仔，只晓得要钱，那懂得维持立法独立？就是司法独立也不过名义上的，实际上还不是给军阀阔人支配？但是只要有这种史官独立的精神，遇有好史官便可以行其志，别人把他没有法子，差不多的史官也不敢恣意曲笔。

除了这点独立精神以外，史官地位的高贵也很有关系。一直到清代，国史馆的纂修官一定由翰林院的编修兼任。翰林院是极清贵的地方，人才也极精华之选。平常人称翰林为太史，一面尊敬，一面也就表示这种关系。一个国家，以如此地位，妙选人才以充其选，其尊贵为外国所无。科举为人才唯一出身之途，科举中最清贵的是太史，可以说以全国第一等人才做史官了。

史官在法律上有独立的资格，地位又极尊严，而且有很好的人才充任，这是中国史学所以发达的第二原因。但是到民国以后就糟了！自史佚以来未曾中断的机关，到现在却没有了！袁世凯做总统的时候以国史馆总裁位置王壬秋，其实并不曾开馆。后来就让北京大学吞并了一次，最近又附属于国务院，改名国史编纂处。独立精神到现在消灭，是不应当的。几千年的机关，总算保存了几千年的史迹，虽人才有好坏，而纪载无间缺。民国以来怎么样？单是十六年的史迹，就没有法子详明的知道。其故，只因为没有专司其责的国史馆。

私人作野史，固可以补史官的不及。但如明末野史很发达，而万季野主张仍以实录为主。史官所记固或有曲笔，私人所记又何尝没有曲笔？报纸在今日是史料的渊丛了，但昨天的新闻和今日矛盾，在甲军阀势力下的报纸和在乙军阀势力下的参差，你究竟相信谁来？——所以做史学史到叙述史官最末一段，可以讲讲国史馆的设立，和史官独立的精神与史官地位的尊严之必要。

史学史的第二部分要叙述史家。最初，史官就是史家，不能分开；到后来，仍旧多以史官兼史家。但做史学史，在史官以外，应从史家兼史官的或史家不是史官的看他史学的发展。这部分资料，历代都很少。以一种专门学问自成一家，比较的要在文化程度很高以后。所以《春秋》以前不会有史家，历史学者假如要开会馆找祖师，或者可用孔子，因《春秋》和孔子有密切的关系。孔子虽根据鲁史记作《春秋》，但参杂了很多个人意见。《春秋》若即以史为目的，固然可叫做史。即使在史以外，另有目的，亦可以叫做史。本来，纪载甚么东西，总有目的。凡作史总有目的；没有无目的的历史。孔子无论为哲学上、政治上，有其他目的，我们亦不能不承认他是史家。即使他以纪载体裁发表政见，《春秋》仍不失为史学著作的一种。其后最昭明较著的史家，当然是《国语》、《左传》的作者，无论他姓甚名谁，大概推定其年代不出孔子死后百年之内。这个史家是否晋史官，我们也不敢断定。据我看，做《左氏春秋》的人不见得是史官，因史官是国家所设，比较的保守性多，创作性少；但也不敢确定。若是一个史官，则实是一个最革命的史官了。鲁《春秋》和《竹书纪年》大概是同一体裁，都是史官所记，和《左氏春秋》不同。《左氏春秋》的范围很广，文章自出心裁，描写史迹，带有很浓厚的文学性质。真的史家开山祖，当然要推崇这个作者了。这作者的姓名事迹虽待考订，而这部书的价值应该抬高。因为自这部书出现以后，史学的门径才渐渐打开了。《史记》称孔子《春秋》以后，有《左氏春秋》、《虞氏春秋》、《吕氏春秋》、《铎氏微》，都是承风后起的。现在只有《吕氏》、《左氏》二种，余皆不存。那些若和《吕氏》一样，不能说；若和《左氏》一样，应属史家之类。汉初有一位史家，名叫陆贾，著了一部《楚汉春秋》。可惜那书不传，不知内容怎样？——以上诸家，都脱不了《春秋》的窠臼。

以下就是司马迁作《史记》，史学因之转变方向。《史记》这书的记载并不十分真确，南宋以后，有许多人加以攻击；但是无论如何，不能不承认是一种创作。他的价值全在体裁的更新，舍编年而作纪、传、书、表；至于事迹的择别，年代的安排，他是没有工夫顾到的。自司马迁以后，一直到现在快出版的《清史》，都用《史记》这种体裁，通称正史。自《隋志》一直到最近的各种《艺文志》和藏书目，史部头一种就是正史，正史头一部就是《史记》。虽说编年体发达在先,但纪传体包括较广,所以唐人称为正史。普通人以为纪传体专以人为主,其实不然。《史记》除纪、传以外,还有书、表。表是旁行斜上,仿自《周谱》;但《周谱》只有谱,《史记》则合本纪、列传、书、表在一起,而以表为全书纲领,年代远则用世表,年代近则用年表、月表。或年经国纬,或国经年纬,体例很复杂。本纪是编年体,保存史官纪载那部分。书八篇是否司马迁原文,做得好不好,另一问题;但书的内容,乃是文化史,不是单讲个人。《史记》八书所范围的东西已很复杂,后来各史的书志,发展得很厉害。如《汉书》的《艺文志》,《隋书》的《经籍志》,《魏书》的《释道志》,多么宝贵。所以纪传体的体裁,合各部在一起,记载平均,包罗万象,表以收复杂事项,志以述制度风俗,本纪以记大事,列传以传人事,伸缩自如,实在可供我们的研究。我们不能因近人不看志、表,也骂纪传体专替古人做墓志铭,专替帝王做家谱。我们尽可依各人性之所近去研究正史。如《晋书》好叙琐碎事,滑稽语;《元史》多白话公文;这都保存了当时原形,这都因体裁的可伸可缩,没有拘束。所以司马迁创作这种体裁,实在是史学的功臣。就是现在做《清史》,若依他的体裁,也未尝不可做好,不过须有史学专家,不能单靠文人。自从他这个大师打开一条大路以后,风起云涌,续《史记》者有十八人;其书虽不传,但可见这派学风在西汉已很发达了。

司马迁以后,带了创作性的史家是班固,他做的《汉书》,内容比较《史记》还好;体裁半是创作,就在断代成书这点。后来郑樵骂他毁灭司马迁的成法,到底历史应否断代还有辩论的余地,但断代体创自班固则不可诬。从此以后,断代的纪传体,历代不绝,竟留下了二十余部。称中国历史，必曰"二十四史"。"二十四史"除《史记》外，都是断代的纪传体。谈起这体的开山祖，必曰班固。所以班固须占史家史的一段。

再次是荀悦，即《汉纪》的作者。史的发达，编年在先，纪传在后。司马迁以前，全是编年；以后，纪传较盛，但仍感有编年的必要。《汉纪》即编年体，荀悦的地位同于班固。班固变通代的纪传体为断代的，荀悦也变通代的编年为断代的。所以荀悦也须一叙，以表示这种趋势。

第一期的史家有这么多，也有一等二等之分。经过这一期以后，"千岩竞秀，万壑争流"的，史家多极了。据刘知几的计算，自东汉到唐初不下百余家，这是史学极盛时期。单是《晋书》就有十八家做过，自唐代官修《晋书》出而十八家全废。此外宋、齐、梁、陈、北魏、北周、北齐以及稍前的五胡十六国，或编年，或纪传，无不有史，即无不有史家。但那时著作，多半因袭，没有创作。自唐初以前，作者或兼史官，或以私人作史而后来得国家的帮助，国家把他当史官看待，或竟用私人力量著成一书，这都受司马迁、班固的影响。这些人和唐以后不同，都是一个人独立做史，或父子相传，或兄弟姊妹同作。他们的成功与否，成功的大小，另是一问题；但都想自成一家之言，不愿参杂别人的见解，和唐后官修史书完全异致。

唐以后，史学衰歇，私人发宏愿做史家的很少。国家始设立馆局，招致人才，共同修史。这种制度，前代也许有，但都是暂时的；到唐代才立为法制，但有很多毛病，当时刘知几已太息痛恨，而终不能改。刘知几是史官中出类拔群的,孤掌难鸣,想恢复班固的地位而不可能,只好闷烦郁结,著成一部讲求史法的《史通》。他虽没有作史的成绩,而史学之有人研究,从他始。这好像在阴霾的天气中打了一个大雷,惊醒了多少迷梦,开了后来许多法门。这可以让第三部分讲。

宋朝有好几部创作:(1)欧阳修的《新五代史记》,好不好,另一问题;但在史家的发达变迁上,不能不推为一个复古的创作者。他在隋唐、五代空气沉闷以后,能够有自觉心,能够自成一家之言,不惟想做司马迁,而且要做孔子,这种精神是很可嘉尚的。他在《新五代史记》以外,还和宋祁同修了《唐书》。《唐书》的志这部分是他做的,很好,只有《明史》的志可和他相比。表这部分,如《宰相世系表》也算创作。所以,欧阳修所著的书,不管他好不好,而他本人总不失为"发愤为雄"的史家。(2)司马光的《资治通鉴》,价值不在《史记》之下。他的贡献,全在体裁的创作。自荀悦作《汉纪》以后,袁宏作《后汉纪》,干宝作《晋纪》,都是断代的编年体。到《资治通鉴》才通各代成一史,由许多史家分担一部,由司马光综合起来。简繁得宜,很有分寸;文章技术,不在司马迁之下。先头作了《长编》,比定本多好几倍;后来又另作《考异》,说明去取的来由;作《目录》,提挈全书的纲领:体例极完备,《考异》的体例尤其可贵。我们学古人著书,应学他的方法,不应学他的结果。固然考异的方法,司马光也运用得不曾圆满,我们还可纠正;但不相干,只要他能够创作这种方法,就已有莫大的功劳。自有此法以后,一部史书著成,读者能知道他去取的原因,根据的所在。所以司马光在史学的地位,和司马迁差不多相等。(3)司马光附属的第二流史家是朱子,朱子就《资治通鉴》,编成《通鉴纲目》,虽没有做好,自不失为小小的创作。他改直叙的编年体为和《春秋》、《左氏传》一样的纲目体,高一格为纲,低一格为目。其注重点在纲,借纲的书法来发挥他的政治理想,寓褒贬之意。他最得意的地方,如三国的正统改魏为蜀等,其实没有多大关系;其好处在创造纲目体,使读者一看纲就明白一个史事的大概。这种体裁还可运用到编年以外的体裁,纪传可用,书志也可用。如后来钱子文《补汉兵志》,钱德洪作《王阳明年谱》,就用这体。这体的好处,文章干净,叙述自由,看读方便。但创造这体的人是谁,还有问题。《元经》若是王通或阮逸所作,则这体是他们所创,但不可靠。无论如何,用纲目体来做史,自朱子起,则可无疑,所以朱子可称史家。(4)朱子前一点,最伟大的是郑樵。他以为历史如一个河流,我们若想抽刀断水,是不可能的,所以以一姓兴亡为史的起讫,是最不好的。因此,创作一部《通志》,上自极古,下至唐初。这种工作,梁武帝和他的臣子也曾做过,《隋志》载他们做的《通史》有四百八十卷,可惜不传,不知其内容怎样。郑樵在史学界,理论上很有成绩,实际上的工作如做《通志》可谓大失败。《通志》的运气好,至今仍保存。后来史学家批评他,纪传一大堆尽可焚毁,因为全抄各史,毫无新例,只有《二十略》可看。他所以不致失传,也许因为有《二十略》的成功。《二十略》贯通各史书志,扩充文物范围,发明新颖方法,在史学界很占着地位,足令郑樵不朽。(5)此外为袁枢的《通鉴纪事本末》。这书就《资治通鉴》的史事,摘要归类,各标一题,自为起讫。论他纪事,大小轻重,颇觉不伦;论他体例,在纪传、编年之外,以事的集团为本位,开了新史的路径,总不愧为新史的开山。(6)还有苏辙、吕祖谦一派的史论家,对于史事下批评。此种史论,《隋志》已载有《三国志评论》等书,惜已失传,不知其是评史事是评史书。从前纪传体每篇末尾必有几句短评,但没有专门评论的。宋朝有许多专门作史评家的,在史学界有相当的地位。(7)还有罗泌做《路史》;叙先秦以前,选择资料最不精严,但用的方法很多,有许多前人所不注意的史迹他也注意到,在史学界也有点价值。(8)吴缜作《新唐书纠谬》、《新五代史记纂误》,虽专用以攻击欧阳修,但间接促起史家对于史事要审查真伪的注意,开后来考证史事一派,关系比前二种重要得多。——人们只说宋朝理学发达,不知史学也很发达。

一到元、明,简直没有史家,史官修的《宋史》、《元史》都很糟。中间只有金遗民元好问专门收罗文献,以史为业,可谓有志之士。明朝有许多野史,却没有一个真的著作家。清朝的史学,各种都勃兴,但大体的趋向和从前不同,留在第四部分讲近代史学界趋势时讲。史家的叙述就此停止。

第三部分讲史学之成立及其发展。凡一种学问,要成为科学的,总要先有相当的发展,然后归纳所研究的成绩才成专门。先头是很自由的发展,茫无条理;后来把过去的成绩整理,建设科学:没有一种科学不是如此成立的。所以一个民族研究某种学问的人多,那种学问成立也更早;若研究的人少,发达也更迟。自成为科学以后,又发现许多原则,则该科学更格外发展。先有经验,才可发现原则;有了原则,学问越加进步。无论那门学问,其发达程序皆如此。史学在中国发达得最厉害,所以成立得也最早,这也是和各科学发达程序相同。

又从旁一方面看。凡一种学问,当其未成立为科学以前,范围一定很广,和旁的学问分不清;初成科学时,一定想兼并旁的学问。因为学问总是有相互的关系,无论何学皆不能单独成立,所以四方八面都收纳起来。后来旁的学问也渐渐成为科学,各有领土,分野愈分愈细。结果,要想做好一种学问,与其采帝国主义,不如用门罗主义:把旁的部分委给旁的学问,缩小领土,在小范围内,尽力量,越窄越深。——全世界学问进化分化的原则如此。中国人喜欢笼统的整个的研究,科学的分类很少。这也不能说不好,不见得要分才是好。现在德国人做学问,分得很细;英国人则带海洋性,甚么都含混点:两方面各有好坏。但为研究学问的便利起见,分得精细也有好处。因为要想科学格外发展,还是范围缩小,格外经济。中国史学成立以后的最大趋势就如此。最初很宽,以后愈趋愈细。从前广大的分野,只能认为有关系的部分;把范围缩小,到自己所研究那一点。

中国史学的成立与发展,最有关系的有三个人:一、刘知几;二、郑樵;三、章学诚。此外很多史家,如上文所讲在史学方面,零零碎碎,都讲了些原理原则,把史学的范围意义及方法,都各各论定了。但在许多人里边,要找出几个代表时代特色而且催促史学变化与发展的人,就只有这三个。他们都各有专著讨论史学。刘知几有《史通》;郑樵有《通志总序》及《二十略序》;章学诚有《文史通义》及《湖北通志》、《永清志》、《亳州志》、《和州志》各序例。此三人要把史学成为科学,那些著作有很多重要见解。我们要研究中国史学的发展和成立,不能不研究此三人。此三人的见解,无论谁都值得我们专门研究。现在只能简单的讲些他们的特点何在。

先讲刘知几。刘知几的特点,把历史各种体裁分析得很精细;那种最好,某种如何做法,都讲得很详明。他的见解虽不见得全对,但他所批评的有很大的价值。(1)史学体裁,那时虽未备,而他考释得很完全;每种如何做法,都引出个端绪,这是他的功劳。(2)他当代和以前,史的著作偏于官修,由许多人合作,他感觉这很不行,应该由一个专家拿自己的眼光成一家之言。他自己做了几十年的史官,身受官修合作不能成功的痛苦,所以对于这点发挥得很透彻。(3)史料的审查,他最注重。他觉得作史的人,不单靠搜集史料而已,史料靠得住靠不住,要经过很精严的审查才可用。他胆子很大,前人所不敢怀疑的他敢怀疑。自《论语》、《孟子》及诸子,他都指出不可信的证据来。但他不过举例而已,未及作专书辨伪;而且他的怀疑,也许有错误处。不过他明白告诉我们,史事不可轻信,史料不可轻用。这是刘知几所开最正当的路。其他工作还很多,举其著者,有此三条。

郑樵成绩最大的:(1)告诉我们,历史是整个的,分不开。因此,反对断代的史,主张做通史,打破历史跟著皇帝的观念。历史跟著皇帝,是不妥当的。历史如长江、大河,截不断,要看全部。郑樵主要工作在做《通志》,虽未成功,或者也可以说是已失败,但为后学开一门径,也是好的。(2)他把历史的范围放大了许多。我们打开《二十略》一看,如六书、七音、氏族、校雠、图谱,从来未收入史部的,他都包揽在史学范围以内。(3)他很注重图谱,说治史非多创图表不可。他自己做的书表很多,表式也很有新创,图虽没有做多少,但提倡得很用力。——这三点是郑樵的贡献。

章学诚,可以说,截至现在,只有他配说是集史学之大成的人。以后,也许有比他更大的发展。但有系统的著作,仍以《文史通义》为最后的一部。他的特色:(1)他主张史学要分科。以为要做一国史尤其如中国之大,决不能单讲中央政治,要以地方史作基础。所以他对于古代历史的发展,不单看重中央的左史右史,还看重地方的小史。史的基本资料,要从各种方志打底子。从前做史专注意中央政治的变迁,中央政府的人物,中央制度的沿革。章学诚把历史中心分散,注重一个一个地方的历史;须合起各地方志,才可成为真有价值的历史。史官做史,须往各地搜罗文献;即自己非史官,也应各把地方文献搜罗:方志与历史,价值是相当的。(2)他不注意史料的审查和别择,因为前人已讲得很清楚;他专提倡保存史料的方法。他以为史部的范围很广——如"六经"皆史——什么地方都是史料,可惜极易散失。所以主张中央和地方都应有保存史料的机关,中央揽总,府、州、县,各设专员。关于这种制度和方法,他讲得很精密。关于史料的总类,也有条理的驾驭。他所作的方志,常分志、掌故、文征三部:志是正式的史书;掌故及文征,保存原始史料。倘使各家方志都依他的方法,历代史料必不致缺乏。他以为保存史料的机关,须用有史学常识的人,随时搜集史料,随时加以审查而保存之,以供史家的探讨。至于如何别择,如何叙述,各家有各家的做法,和保存史料的机关不相干。关于这一点可以说是章学诚的重要主张。在中国一直到现在,还没有这种机关,从前有所谓皇史宬,实录馆,虽也可说是保存史料用的,章学诚以为不行,因为那只能保存中央这一部分的史料。至于正史以外,各行政官都有机关,范围又很大,不单保存政治史料,各种都保存,实在是章学诚的重要发明。这种办法,在中国不过一种理想,未能实行;在外国也做不到,只由博物院及图书馆负了一部分责任而已。章学诚把他看做地方行政的一种,一层一层的上去,最高有总机关管理,各地方分科,中央分部,繁重的很。要把这种画一的章程通行起来,过去的事迹一定可以保存很多。但他的办法也未完备,所保存的只是纸片,没有一点实物,方法也不精密,我们尽可补充改正。(3)他主张,史家的著作,应令自成一家之言;什么学问都要纳到历史方面去;做史家的人要在历史上有特别见解,有他自己的道术,拿来表现到历史上:必如此,才可称为史家,所作的史才有永久的价值。所以关于史学意义及范围的见解都和前人没有相同的地方;他做史也不单叙事,而须表现他的道术。我们看《文史通义》有四分之一或三分之一是讲哲学的,此则所谓历史哲学,为刘知几、郑樵所无,章学诚所独有,即以世界眼光去看,也有价值。最近德国才有几个人讲历史哲学;若问世界上谁最先讲历史哲学,恐怕要算章学诚了。

以上把三个人重要之点略讲了讲,还有中国普通相传下来的历史观念,三个人都有相当的贡献。第一点,史与道的关系。第二点,史与文的关系。

中国史家向来都以史为一种表现道的工具。孔子以前,不知如何。《春秋》即已讲微言大义,董仲舒说:"《春秋》文成数万,其指数千。"司马迁《史记·自序》和《报任安书》都说:"亦欲以究天人之际,通古今之变,成一家之言。"此种明道的观念,几千年来,无论或大或小,或清楚,或模糊,没有一家没有。所以很值得我们注意。明道的观念,可分两种:一、明治道;二、明人道。明治道是借历史事实说明政治应该如何,讲出历代的兴衰成败治乱的原因,令后人去学样。明人道,若从窄的解释,是对于一个人的批评,褒贬,表彰好的令人学,指摘坏的令人戒。若从广的解释,是把史实罗列起来,看古人如何应付事物,如何成功,如何失败,指出如何才合理,如何便不合理。这种若给他一个新名词,可以叫做"事理学"。西洋人注重人同物的关系,所以物理学很发达;中国人注重人同人的关系,所以事理学很发达。《资治通鉴》便是事理学的代表,善言人情事理,所以向来称赞他"读之可以益人神智"。《续资治通鉴》就够不上。关于这一点,现在比从前一天一天的少有适用,但仍有效力。从前自秦始皇到清宣统,政治环境及行为,没有多大变迁,所以把历史事实作为标准,相差不远。司马光做《资治通鉴》,所求得的事理标准,所以可供后人资鉴,就因这个缘故。现在虽不能说此种标准已无效,也不能说与从前一样有效,只可以说效力减了许多。各门的条文许多还可应用。如何才可富国,如何才可利民,水利如何兴,田赋如何定,至今仍不失其为标准。至于应用政治的方法,对付外交的手段,从前虽很有标准,现在因环境变迁,政体改易,就无效力;纵使有,也很少了:治道方面如此。人道方面,到现在,到将来,从前的事理标准仍很有效。这点注重明道的精神是中国人的素秉,我们不能放松的。至于窄义的人道方面,褒贬善恶,从前的史家看得很重,而刘知几、郑樵、章学诚看得很轻。前述的纪载史事以为后人处事接物的方法,则各派史家皆如此。

简单说,这种态度,就是把历史当做"学做人"的教科书。刘、郑、章三人对此点很注重。其余各人对此也很注重,即非史家亦很注重。譬如曾国藩、胡林翼的功业伟大。若依外国史家的眼光,只注重洪、杨之乱如何起,曾、胡如何去平定他。其实我们读历史,要看他们人格如何,每事如何对付,遇困难如何打破,未做之前如何准备,这一点比知道当时呆板的事实还要重要。洪、杨之起灭及曾、胡之成功,已成过去,知道又有何用处?我们读史,看曾、胡如何以天下为己任,如何磨练人才,改革风气,经万难而不退转,领一群书呆子,自己组织了无形的团体,抗起大事来做,各省不帮他而反加以掣肘,他们以一群师友感激义愤,竟然成功:此种局面,在中国史上是创见。我们要问为什么能如此,此即人道学、事理学的研究。看历史的目的各有不同:若为了解洪、杨之乱,当然注重战争的真相和结果;若为应付世事,修养人格,结交朋友的关系,则不可不注重人与人相与的方面。

中国史注重人的关系,尤其是纪传体。近来的人以为这种专为死人做传记,毫无益处。其实中国史确不如此,做传乃是教人以应世接物之法。诚然,有许多事实含了时代性,可以省略;但大部分不含时代性。所以中国史家对于列传的好不好,与将来有没有利益,很有斟酌,不肯轻懈。一个人所做的事,若含时代性,则可以省略;若不含时代性,在社会上常有,则不能不注重。这要看史家眼光和手腕如何,史书的价值也随之而定。——总说一句:这种以史明道的学术之发达及变迁,为研究中国史学史所不可不注重之点,在外国是没有的。

其次,史与文的关系。中国文看得很重,孔子已说:"文胜质则史。"史体与文有重要的关系。全书如何组织,才算适当,刘、郑、章三家讲得很多,旁人亦讲得不少。一篇文章如何组织,刘、郑、章三家讲得很多,韩愈、柳宗元一般文人也讲得不少。章学诚做《文史通义》,文和史在一块儿讲。关于史的文如何做法,章氏有许多特别见地。虽其所讲方法所作体例,我们看去似系他自创,他却说都有所本,实则一部分自前人,一部分还是他自创。如讲叙事方法,从前做传专叙个人,他可常常以一事做传名。如《湖北通志检存稿》,非人的传有许多,把人的事含在一起。又或传中有表,也是前人文里所不敢参杂的。诸如此类,对于文的史,史的文,发挥得很透彻。这种讲史与文的关系,往后很发展,但可以以章学诚为一结束。——以上讲第三部分——中国史学之成立及其发展——完。

第四部分应该讲最近中国史学的趋势,有许多好的地方,有许多不好的地方。最近几年来时髦的史学,一般所注重的是别择资料。这是自刘知几以来的普通现象,入清而甚盛,至今仍不衰。发现前人的错误而去校正他,自然是很好的工作。但其流弊乃专在琐碎的地方努力,专向可疑的史料注意,忘了还有许多许多的真史料不去整理。如清代乾嘉学者,对于有错字的书有许多人研究,对于无错字的书无人研究。《荀子》有错字,研究的有好几家,成绩也很好。《孟子》无错字,研究的便很少。此可以说是走捷径,并非大道。其实读《孟子》、《荀子》的目的在了解孟子、荀子的学术,以备后来拿来应用。若专事校勘考证,放着现成的书不读,那就不是本来的目的了。

还有一种史料钩沉的风气。自清中叶到现在,治蒙古史很时髦。因《元史》太简陋,大家都想方法,搜出一条史料也很宝贵。近来造陇海铁路,发现了北魏元氏百余种墓志铭,好写字的人很高兴,治史的人也高兴。因为《魏书·宗室传》缺了一卷,治史的人便根据那些墓志铭来补起来。其实《魏书》纵不缺略,大家也没有这么好的精神去看《宗室传》。近来史学家反都喜欢往这条补残钩沉的路走,倒忘了还有更大工作。

还有一种,研究上古史,打笔墨官司。自从唐人刘知几疑古惑经以后,很少人敢附和,现在可附和他了不得。这种并不是不好,其实和校勘、辑佚无异。譬如郑玄笺注的《毛诗》、《三礼》已够研究了,反从《太平御览》、《册府元龟》去辑郑注《尚书》和《易经》,以为了不得。乾、嘉以来的经学家便是这样风气。其实经学不止辑佚,史学不止考古。

推求以上诸风气,或者因受科学的影响。科学家对于某种科学特别喜欢,弄得窄,有似显微镜看原始动物。欧洲方面应该如此,因为大题目让前人做完了,后学只好找小题目以求新发明,原不问其重要与否。这种风气输入中国很利害。一般学者为成小小的名誉的方便起见,大家都往这方面发展。这固然比没有人研究好,但老是往这条捷径走,史学永无发展。我们不能够从千真万确的方面发展,去整理史事,自成一家之言,给我们自己和社会为人处事作资治的通鉴；反从小方面发展，去做第二步的事，真是可惜。不过这种大规模做史的工作很难，因为尽管史料现存而且正确，要拉拢组织，并不容易。一般作小的考证和钩沉、辑佚、考古，就是避难趋易，想侥幸成名，我认为病的形态。真想治中国史，应该大刀阔斧，跟着从前大史家的作法，用心做出大部的整个的历史来，才可使中国史学有光明，发展的希望。我从前著《中国历史研究法》，不免看重了史料的搜辑和别择，以致有许多人跟着往捷径去，我很忏悔。现在讲《广中国历史研究法》，特别注重大规模的做史，就是想挽救已弊的风气之意。这点我希望大家明白。

寅　社会科学史的做法（略）

卯　自然科学史的做法（略）

己　文学史（略）

庚　美术史（略）

第五章　文物专史做法总说

　　本来想在这一学年内讲完《广历史研究法》,现在只讲了一半,时间不许再讲下去了。本来想把文物专史的做法都详细讲,因为有些方法还不自满,所以上文有的讲了做法,有的没有讲做法,有的连大略都不曾讲,只好待将来续补,现在总讲一章文物专史的做法,做个结束。

　　文物专史的工作,在专史中最为重要,亦最为困难,和其他四种专史——人,事,地方,时代——的做法都不相同。其他专史,应该由史学家担任。文物专史,与其说是史学家的责任,毋宁说是研究某种专门科学的人对于该种学问的责任。所以文物专史一方面又是各种专门学问的副产物。无论何种学问,要想对于该种学问有所贡献,都应该做历史的研究。写成历史以后,一方面可以使研究那种学问的人了解过去成绩如何,一方面可以使研究全部历史的人知道这种学问发达到何种程度。所以说,文物专史不单是史学家的责任,若由各种专门学者自家做去,还好些。譬如经济史中的货币史,要做得好,单有历史常识还不行;最少要懂得货币学、近代经济学,以及近代关于货币的各种事项,然后回头看中国从前货币的变迁,乃至历代货币改革的议论,以新知识新方法整理出来;凡前人认为不重要的史料或学说,都叙述上去——这种货币史才有精采。货币学比较的范围不很窄,尚且应有常识做基础,非有专门研究的人不能做专史。若做中国音乐史,尤其非用专门家不行;我们外行的人若去做,用功虽苦,还是不了解,许多重要的资料,无法取去。又如做文学史,要对于文学很有趣味很能鉴别的人才可以做。他们对于历代文学流派,一望过去即知属某时代,并知属某派。譬如讲宋代诗,那首是西昆派,那首是江西派,文学不深的人只能剿袭旧说,有文学素养的人一看可以知道。再如书法史,写字有趣味的人,书碑很多,临帖很多,一看古碑帖就知其真伪及年代。就是我自己,随便拿个碑版来,不必告诉时代给我,不必有人名朝号可旁证,我都可以指出个大概的年代。所以假使要做书法史,也非有素养不可,否则决难做好。关于文物专史,大概无论那一部门,都是如此。所以做文物专史,不可贪多,想一人包办是绝对不成的。只能一人专做一门,乃至二门三门为止,而且都要有关系因缘才可以兼做。如做美术史,顺带做书法史、雕刻史,或合为一部,或分为三部,还勉强可以做得好,因为那三部都有相互的关系;但必须对于三部都有素养的人,才可以做得好。想做文物专史的人,要对于自己很喜欢的那部分,一面做史,一面做本门学问,历史是他的主产物,学问是他的副产物。研究科学的人固然也有不作历史研究而能做好学问的,如果对于历史方面也有兴味,学问既可做好,该科学史也可做好。所以研究历史的人,一方面要有历史常识,一方面要于历史以外有一二专门科学,用历史眼光把中国过去情形研究清楚,则这部文物专史可以有光彩。因此,所以不能贪多,若能以终身力量做出一种文物专史来,于史学界便有不朽的价值。不贪多,一面治史,一面治学,做好此种专史时,可以踌躇满志。至于其他如人的专史,事的专史,则一个人尽可以做许多。——这是讲做文物专史的先决问题,一须专门,二须不贪多,实在也只是一义。

其次,关于搜集资料比其他专史困难得多。其他专史虽然也不单靠现存的资料,但其基本资料聚在一起,比较的易得。如做一人的专传或年谱,其人的文集是基本资料,再搜集其他著作,大段资料可以得着;和他有关系的人的著作,范围相当的确定。无论其人方面如何多,如何复杂,做专史或年谱都可以开出资料单子,很少遗漏。至于事的专史,在公文上、传记上、文集上,资料的范围也比较的有一定。文物专史则不然,搜集资料,再困难没有了。若是历代书志有专篇,或"九通"中有此一门,前人做过许多工夫的,比较的还有相当的资料,但仍旧不够。即如经济之部,各史食货志及

"九通"关于食货一门,固然可以得若干基本资料,但总不满足,非另求不可。书志及"九通"有了尚感困难,若没有又如何？如书法,绘画,在史书中,毫无现存的资料。现在讲画史的,虽有几本书,而遗漏太多。做这类专史,资料散漫极了。有许多书,看去似没有关系,但仔细搜求,可以得许多资料。如讲经济状况,与诗歌自然相隔很远,其实则不然。一部诗集,单看题目,就可以得许多史料。诗是高尚的,经济是龌龊的,龌龊状况可在高尚中求之,有许多状况,正史中没有而诗集中往往很多。做经济史,不一定要好诗集。诗虽做得不好,而题目,诗句,夹注,常有好史料。诗与经济相隔这么远,尚有这么多史料；所以做文物专史,无论甚么地方都有好资料。不过也不是凡有资料都可以用,须要披沙拣金,所以不能心急。真要成功,要费一世工夫。出版的早晚,没有关系。预备尽生平的心力,见到资料便抄下来,勤笔勉思,总有成功的一日。我很糟,在床上看书,看见了可用的资料,折上书角,不能写下来,另日著书要用这种曾经看到的资料,大索天下,终不可得。所以此类工作,须要非常勤勉,不嫌麻烦。记下一点资料,固然没有用处；记得多了以后,从里边可以研究出多少道理来。顾亭林做《日知录》,旁人问他近来做了几卷,他说别来数年不过得了十余条,抄别人的书如收罗破铜烂铁,自然容易,我是精思谨取,如上山开矿,所以很难。顾氏做《日知录》的方法,起初看见一条,札记了若干年后,陆续札记了许多相类的资料,加以思想,组织为一条。我们做文物专史,非如此耐烦不可。乡先辈陈兰甫先生死了以后,遗稿流传出来,一张一张的纸片,异常之多,都是在甚么书看见了两句,记出来以后，又加上简短的按语。新近广东有人搜得了六千多片，都一般大小，实则他一生的纸片，不知有好几百万张。我正打算设法找来，整理一下，可以看出他治学的方法。我们认真想做好的著述，尤其是关于文物专史方面的，非做此种工夫不可。有如蜜蜂采花，慢慢的制成极精的蜜糖，才是有价值的著作。文物专史之所以难做，这是一点。

中间还有鉴别史料的工作，前回讲过，近来史学界都趋重这一点，带了点取巧的性质。我们所希望的，不在考订真伪，考不出来也没有关系。如明建文帝到底是烧死的还是逃去做和尚的，又如清世祖是病死的还是跑到五台山做和尚的，他的董妃是否董小宛，我们固然欢迎有人做这种工作，但不希望有天才的人都到这面用工夫，把旁的方面放松了。以后的史家，关于搜集方面，要比鉴别方面多下工夫才好。我从前做的《中国历史研究法》，对于鉴别史料，说的很多，许于近来学风有影响。此是近代学风可喜之中稍微一点不满意的所在。其余如钩沉、辑佚一类的工作也要做。但不要把没有真伪问题的现存的史料丢开不管。文物专史也是一样，而且特别的易犯这种毛病。其所以难做，这是二点。

关于文物专史的做法各门不同。其公共原则有多少，很难说，然也有几点很主要的可以说：

（一）文物专史的时代不能随政治史的时代以画分时代。固然，政治影响全部社会最大，无论何种文物受政治的影响都很大；不过中国从前的政治史，以朝代分，已很不合论理，尤其是文物专史更不能以朝代为分野。即如绘画史，若以两汉画、三国画、六朝画、唐画、宋画分别时代，真是笑话。中国绘画，大体上，中唐以前是一个时代，开元、天宝以后另是一个新时代，分野在开元初年。底下宋、元混合为一时代，至明中叶以后另为一时代。又如近代外交史，不能以明、清分，要看外来势力做标准。葡萄牙人、荷兰人到中国在明嘉靖以前，为一时代。嘉靖以后到清道光南京条约另为一时代，道光到中日战争另为一时代，往后到今日再一时代。外交虽与政治密切，尚且不能以明史、清史画分，何况其他？所以各种文物专史绝对不能依政治史为分野，而且各种之间亦相依为分野。譬如绘画以开元、天宝为界，书法则以隋代分；绘画在北魏不能独立，书法在北魏可以独立，而且可以分初、盛、中、晚。又如诗以唐为主系，宋以后为闰系；书法以北魏为主系，唐为闰系；词以宋为主系，元以后为闰系：各种文物应画分的时代都各不同。要做通史，简直没有法子说明，因为要跟着政治走，而有时这个时代文物盛而政治衰，那个时代文物衰而政治盛，绝对不能画一，一定做不好。譬如宋徽宗的政治很糟，学术更糟，可谓黑暗时代；但从美术方面看，却光芒万丈。所以各种专史有一篇一篇单行的必要，尤其是文物专史的时代应以实际情形去画分。

（二）文物专史的时代不必具备。普通史上下千古，文物专史则专看这种文物某时代最发达，某时代有变迁，其他时代或没有或无足重轻，可以不叙。例如做外交史，应从很晚的时代起，从前的外交与近代的外交不同。如欲做上下千古的外交史，把春秋的朝聘，汉以后的蛮夷朝服，都叙上去，则失去了外交的本质了。要想做得好，不必贪多，不可把性质不同的事实都叙在里边。外交史最早只可从明代起。又如做诗史也许可以做到宋朝而止，后面可以做一个简单的结论。这并不是因为元、明、清没有诗，乃是三朝的诗没有甚么变化。元遗山所谓诗至苏、黄而尽，话是真的。诗以唐为主系，以宋为闰系，元以后没有价值了。这不过举一二例，其实文物专史无论那种都如此，最不可贪多，做上下千古的史。即如还未讲到的四川的地方专史。最古的是《华阳国志》，当常璩做志时，的确有做专史的必要；以后归并到本部，虽有小变动，而对全部没有多大的影响，所以汉以后的四川可以归并到本部史讲，不必专讲。又如云南，恰好是四川的反面，直到现在还有做专史的价值。自明初沐英平滇，世王其地，清初吴三桂，民国蔡锷、唐继尧，都与本部尚未打成一片；中间虽有些时候打成一片而神气不属，不久又分了。又如东三省，自满人入关以后，做专史的资格已消灭了。最近因日本的势力侵入，变成特殊的地带，似乎又有做专史的资格。河南、山东，有史以前可做专史，有史以后是全国的基本，专史资格早已消灭，其地的活动早已不能为所专有。即以河南而论，在商以前，可以说是河南人的活动，周以后成为全国人的活动了。此外各地的专史应从何时代起，至何时代止，要看他的情形来定夺，也不可一时贪多。

（三）凡做一种专史，要看得出那一部分是他的主系，而特别注重，详细叙述。不惟前面所讲道术史有主系，无论甚么事情的活动，何种文物，都有一二最紧要的时代，波澜壮阔，以后或整理，或弥缝，大都不能不有个主系闰系的分别。所以做文物专史不要平面的叙述，分不出高低阴阳来。某时代发达到最高潮，某时代变化得最利害,便用全副精神去叙述。闰系的篇幅少些也没有关系,说得简单也没有关系。主系的内容及派别,却非弄清楚不可。做道术史,若是汉、魏、三国、六朝的篇幅和先秦一样多是不行的,先秦要多,以后要少。主系要精要详,其他可略。做诗史到唐朝,要分得很清楚,多少派,多少代表,一点也含混不得。明朝的诗并不是没有派别。前七子,后七子,分门别户,竞争得很利害;但从大处着眼,值不得费多大的力量去看他们的异同。所以做文物专史须用高大的眼光,看那时代最主要,搜集,鉴别,叙述,抑扬,用全力做去。无论那种文物,主系并不算多,只有一二处。如做诗以唐为主,则以前以后,都可说明,而读者可以把精华所在看得清楚。这一点要有鸟瞰的眼光,看出主系,全力赴之,此外稍略也无妨。日本所做的中国文学史,平讲直叙,六朝分元嘉、大同,唐分初、盛、中、晚,一朝一朝的分去,一家一家的叙述。我们看了那种著作,似乎江淹、沈约与陶潜、曹植一样优劣,其实则相去何啻天渊?若依我的主张,陶、曹自然要用重笔,江、沈这些二等的资料可以略去。真会做史的人,要找出几点,分浓淡高低才行。若平讲直叙,便不好了。无论那种文物专史都应如此。

(四)文物专史又须注重人的关系。我所讲的文物专史,有一部分与社会状况、制度风俗有关,与个人的关系少。除此部分以外,差不多全与个人有关。历史是人造出来的。近代谈史诸家,因中国做纪传的人喜欢表彰死者,惹起反动,以为社会不是英雄造出来的,历史应该看轻个人。其实固然有些人是时势造成的,但也有造时势的英雄。因为一个出来,而社会起大变化的也常有,而且这种人关系历史很重要。社会所以活动，人生所以有意义，都因此故。人生若全在社会做呆板的机械，还有甚么意义？政治上、军事上，人的关系尤为显著了。其他各种文物也非无人的关系。如做道术史，罗列各人的学说，固然是必要；然欲描写中国的道术，必先描写个人的人格。如朱、陆关于《太极图》的论辩，固然要叙；但道术史最应叙的，还是此二大师的人格，可由日常生活表示出来。向来讲王阳明的人，因其事业多，所以在学术以外还讲事业；若讲到陆象山便把人事方面简略了。其实陆象山所以能开一派学风，并不单靠几篇文章，几封信札；他整个的人格，所做的事业，都很有关系。我们描写他的人格和罗列他的学说，至少要一样。对于学术大师如此，对于文学家、美术家也要如此。假使主系几个大文学家，我们不单看他的作品，并注重他的性格，由性格看胸襟及理想，做的史才有价值。这不特大学者如此，经济方面如唐代的刘炎也如此。唐的经济和财政在中叶以后，由刘炎一人手定规模，得有很好的结果，他死后几十年，制度仍然保存。所以做经济史做到唐中叶，对于刘炎做人如何？才能如何？性格如何？都得详细叙述，因为这影响到当时财政很大。——无论那一方面，关于文物专史，除因社会自然状态发达以外，有三分之一，都因特别人才产生而社会随他变化。所以做文物专史，不可把人的关系忽略了。对于有重要关系的人，须用列传体，叙述其人的生平于史中；但也不似廿四史的列传以多为贵，要极有关系的人，才替他做传，而且目的不在表彰其人，乃因这种文物因他可以表现得真相出来。

（五）文物专史要非常的多用图表。图表，无论何种专史都须要,尤其是做文物专史要用最大精力。图,或古有,或新制,或照片,搜罗愈富愈好。表在主系,想分析实际情形时,最须应用。闰系方面有许多可以简单叙述的东西而又不可省略,可以做成表格,看去既不讨厌,查考时又很清楚。做表的好处,可以把许多不容易摆在正文内的资料保存下来,不过要费番思想才可以组织成功,很不容易。做一表比做一文还要困难而费工夫,应该忍此劳苦,给读者以方便。正文有的,以表说明;正文无的,以表补充。

以上所讲,不过择比较重要的简单说明一下,实则不应如此陋略。我因时间关系,没得充分预备,也未讲完,不算是正式的讲演,不过是零碎的感想而已。我希望对于同学有若干启发,可以引起研究的兴趣和方向。那么,我预备虽不充分,对同学也不致完全没有益处。未讲完的,下学年或许有机会还可续讲,本学年就此结束。

跋

　　右《中国历史研究法补编》一部，新会梁任公先生讲述，其门人周传儒、姚名达笔记为文，都十一万余言，所以补旧作《中国历史研究法》之不逮，阐其新解，以启发后学，专精史学者也。忆民国十四年九月二十三日，名达初受业于先生，问先生近自患学问欲太多，而欲集中精力于一点，此一点为何？先生曰：史也，史也！是年秋冬，即讲《中国文化史·社会组织篇》，口敷笔著，昼夜弗辍，入春而病，遂未完成！十五年十月六日，讲座复开，每周二小时，绵延以至于十六年五月底。扶病登坛，无力撰稿，乃令周君速记，编为讲义，载于《清华周刊》：即斯编也。周君旋以事忙不能卒业，编至《合传及其做法》而止，名达遂继其后。自三月十八日至五月底，编成《年谱及其做法》、《专传的做法》二章。自八月十三日至二十八日，编成《孔子传的做法》以后诸篇。全讲始告成文，经先生校阅，卒为定本。是秋以后，先生弱不能耐劳，后学不复得闻高论，而斯讲遂成绝响！《中国文化史》既未成书于前，《史法补编》又未卒述于后，是诚国人之不幸，亦先生所赍恨以终者已！名达无似，有心治史而无力以副之，深愧有负师教！斯编之行世，幸又得与于校对之列，谨志数言，以示所自，惟读者正焉。

中华民国十九年五月八日　姚名达

历史统计学

历史统计学,是用统计学的法则,拿数目字来整理史料推论史迹。这个名称,是我和我几位朋友们杜撰的。严格的说:应该名为"史学上之统计的研究法"。因贪省便,姑用今名。但我们确信他是研究历史一种好方法,而且在中国史学界尤为相宜。我们正在那里陆续试验,成绩很是不坏。所以我愿意把我们所拟的方法介绍诸君,盼望多得些同志共同做去。

我们为什么想用这种方法研究历史呢? 我们以为:欲知历史真相,决不能单看台面上几个大人物几桩大事件便算完结；最要的是看出全个社会的活动变化。全个社会的活动变化，要集积起来比较一番才能看见。往往有很小的事，平常人绝不注意者，一旦把他同类的全搜集起来，分别部居一研究，便可以发见出极新奇的现象而且发明出极有价值的原则。比方我们看见一两只蝴蝶，算得什么呢？一旦到了动物学者的手里，成千成万的蝴蝶标本聚拢起来，综合一番，分析一番，便成绝大学问。我们做史学的人对于史料之搜集整理，也是如此。

统计学的作用，是要"观其大较"。换句话说：是专要看各种事物的平均状况，拉匀了算总帐。近来这种技术应用到各方面，种种统计表出来；我们想研究那件事，只要拿他的专门统计表一看，真相立刻了然。所以"统计年鉴"等类之出版物，真算得绝好的现代社会史。假如古代也有这种东西传下来，我们便根据着他看出许多历史上"大较"的真相，然后究其所以然之故，岂非快事！这种现成饭固然没得给我们，但我们用自己的努力，也许有许多方面能弥补这种缺憾来。

用统计方法治史，也许是中国人最初发明。《史记》的"表"是模仿那"旁行斜上"的《周谱》。《周谱》这部书，今虽失传，想来该是西纪前三四百年人做的。后来历代正史都有表，给我们留下种种好资料和好方法。可惜范围还太窄，许多我们想知道"大较"的事件，都没有用表的形式排列出来。到清初，有位顾栋高先生著成一部五十卷的《春秋大事表》，把全部《左传》拆碎了，从各方面分析研究，很有统计学的精神。我从小读过这部书，实在爱他不过。常常想：我几时能有工夫，定要把全部二十四史照他样子按着我自己所要研究的目的分类做一部《通表》才算快事哩！我这个心愿，怀抱了二十多年；但我很惭愧，到今日还没有动手。

我想：我们中国的史学家做这件事，便宜极了。因为我们纸片上的史料是丰富不过的。一切别史、杂史、文集、笔记之类且不必说，就以一部二十四史而论，真算得文献宝藏。就学校里头学历史的学生看，固然恨他"浩如烟海"，就我们专门做史学的人看，真不能不感谢我们先辈给我们留下这大份遗产。我们只要肯在里头爬梳，什么宝贝都可以发见出来。

以上把这种学问的理论大略说明了，以下要说我们着手的试验及其成绩。

我多年想做一张表，将二十四史里头的人物分类：学者，文学家，政治家，军人，大盗……等等，每人看他本传第一句"某某地方人也"；因此研究某个时代多产某种人，某个地方多产某种人。我这计画曾经好几次和我的朋友丁文江先生谈起，他很赞成。后来他说：先且不必分类，只要把正史上有传的人的籍贯列下来再说。他自己便干起来了。现在还没有完全成功，只是把几个统一的朝代——汉、唐、宋、明做成了，编出一张很有趣的"历史人物之地理分配表"如下：

历史人物之地理分配表

省别	前汉		后汉		汉		唐		北宋		南宋		宋		明	
	人数	%	人数	%	人数	%	人数	%	人数	%	人数	%	人数	%	人数	%
陕西	22	10.58	73	15.91	95	14.96	248	21.60	63	4.31	6	0.99	69	3.34	80	4.51
直隶	21	10.10	28	6.12	49	7.36	212	18.48	212	14.51	7	1.16	219	10.60	128	7.22

续表

省别	前汉		后汉		汉		唐		北宋		南宋		宋		明	
	人数	%	人数	%	人数	%	人数	%	人数	%	人数	%	人数	%	人数	%
山西	10	4.92	16	3.50	26	3.91	176	15.33	141	9.65	17	2.81	158	7.65	56	3.16
河南	39	18.75	170	37.20	209	31.43	203	17.68	324	23.80	37	6.12	361	17.58	123	6.94
山东	61	29.33	57	12.47	118	17.75	89	7.83	156	10.68	13	2.15	169	8.17	93	5.25
江苏	23	11.06	12	2.84	36	5.41	76	6.62	97	6.63	49	8.20	146	7.07	241	13.61
浙江	2	0.96	14	2.99	16	2.40	32	2.78	84	8.74	136	22.50	220	10.65	288	14.51
湖北	7	3.36	11	2.48	18	2.70	23	2.00	19	1.30	14	2.32	33	1.60	76	4.29
四川	4	1.92	26	5.68	30	4.51	9	0.78	93	6.36	71	11.75	164	7.94	57	3.21
安徽	3	1.44	24	5.25	27	2.06	19	1.65	53	3.62	38	6.29	91	4.40	199	11.24
江西	1	0.49	2	0.42	3	0.45	2	0.17	81	5.54	83	13.40	164	7.94	204	11.52
湖南	0	0	2	0.42	2	0.30	2	0.17	12	0.82	12	1.98	24	1.16	27	1.52
福建	0	0	1	0.21	1	0.15	0	0	95	6.50	88	14.60	183	8.80	92	5.19
广东	0	0	0	0	0	0	3	0.26	3	0.20	4	0.66	7	0.33	50	2.82
广西	0	0	1	0.21	1	0.51	0	0	2	0.13	6	0.99	8	0.38	13	0.73
贵州	0	0	0	0	0	0	1	0.08	0	0	0	0	0	0	10	0.56
云南	0	0	0	0	0	0	0	0	0	0	0	0	0	0	14	0.79
甘肃	10	4.92	17	3.72	27	4.06	50	4.35	19	1.30	23	3.89	42	2.03	23	1.29
奉天(汉人)	0	0	0	0	0	0	3	0.26	0	0	0	0	0	0	0	0
内蒙古(汉人)	3	1.44	1	0.21	4	0.60	0	0	0	0	0	0	0	0	0	0
外族	2	0.96	1	0.21	3	0.45	40	3.48	7	0.61	0	0	7	0.34	14	0.79
总数	208		457		665		1,149		1,461		604		2,065		1,771	

　　这张表的体例，是将《汉书》、《后汉书》、《新唐书》、《宋史》、《明史》中有传的人都列出，调查他们的籍贯，分配现今各省，再拿所有的列传总数，按照各省人数，列出百分比例。例如两汉通共六百六十五篇传，河南人二百零九，占百分之三十一零四三；山东人一百一十八，占百分之十七零七五；湖南人只有两个，占百分之三厘；福建人只有一个，占百分之一厘五。广东、云南、贵州一个也没有。全表以是为推。我们在这表中，可以看出几个原则：

(一)帝都所在地人物往往特多。例如后汉之河南占百分之三十七而强;唐之陕西占百分之二十一而强;北宋之河南占百分之二十三而强;南宋之浙江占百分之二十二而强,都是居全比例之第一位。但其中有两个例外:前汉的陕西,仅占百分之十,居第四位,不惟远在山东、河南之下,而且还在江苏之下。明的直隶仅占百分之七,居第五位。

(二)南北升降之迹甚显著。如山东、陕西、直隶、山西,汉、唐时平均比例皆在百分之十以上,多者至二三十以上;宋、明后皆落至十分以下,平均不过五六分。内中惟河南勉强保持平度,然亦有落下的趋势。反之如江苏、安徽、江西、浙江,汉、唐时甚微微,以次渐升,至明时皆涨至百分之十以上。此种现象,恐由于宋南渡后南方之人为的开发,与蒙古侵入后北方之意外的蹂躏。但人民自身猛进与退婴之精神,亦不容轻轻看过。

(三)原则上升降皆以渐;然亦有突进者。例如四川在前汉,不及百分之二,后汉忽升至百分之六;其后即上下于此圈内。浙江向来不过百分二三之间,北宋忽升至百分之八,南宋又升至百分之二十二。江西向来不到百分之一,北宋忽升至百分之五以上,南宋忽升至百分之十三以上。福建情形,与江西亦大略相等。我们想:这种情形,系由文化之新开辟。从前这些地方,离中央文化圈很远;一经接触之后,再加以若干年之酝酿醇化,便产出一种新化学作用。美国近年之勃兴,就是这种道理。以此推之,还有许多新地方也该如此。这表现仅编到明为止,若继续编下去,当又有新资料可以证明这个公例。例如湖南始终没有到过百分之二,倘将清史编

出来,恐怕要骤涨到百分之十以上;广东向来差不多都是零度,倘
将民国十年史编出来,恐怕也涨到百分之十以上。

(四)此外尤有一最显著之现象,则人物分配日趋平均。前汉
山东占百分三十而弱,河南占百分二十而弱;后汉河南占百分三十
七而强,山东占百分十二而强;仅此两省占汉史人物之半数。其余
长江流域各省,没有能到百分之五的,湖南、福建、两广、云、贵都是
零度。唐、宋时各省都渐渐有人,均匀许多了。到明时越发均遍,
没有一省没有人,除广西、云、贵三省不满一分外,其余各省最高的
不过百分之十三四,最低的也有百分之一二;十八省中之九省,皆
来往于百分三与百分七平均度数之间。可见我们文化普及之程
度,一天比一天进步。倘若将清史编下去,只怕各省不平等的现象
还要格外减少哩!

诸君想想:像这样粗枝大叶的一张表,我们已经可以从这里头
发现出四个原则来,而且还能逐个求出他所以然之故,这是何等有
趣的事?凡做学问,总要在客观正确的事实之上才下判断,这是人
人共知的。史学对象的事实,你说单靠几位大英雄的战记几位大
学者的著述吗?这些固然可以表现社会的特殊力,却不能表示社
会的一般力。我们搜集史料,断不能以此为满足。许多事实,并不
必从个人有意的动作看出来。即如这张表所根据的材料,不过每
篇传的头一句——"某处人也"。这样干燥无味的句子,从前读史
的人,谁又肯信这里头还有研究价值?殊不知拆开了一句一句,诚
丝毫无意味;聚拢起来一综合一分析,无限意味都发生出来了。这
表所编,仅限于两汉、唐、宋、明五朝,而且是不管人物如何,有一篇

传算一篇,倘若把二十四史全数编出,再将人物分类,恐怕继续发明的原则还要多哩!青年诸君啊!须知学问的殖民地丰富得很,到处可以容你做哥仑布,只看你有无志气有无耐性罢了。

我又请说我们别方面的试验:我近来因为研究佛教史,有一回发生起趣味,要调查我们先辈留学印度的事实。我费不少的劳力,考据出二百来个人,内中有姓名可考者一百零五,无姓名可考者八十二。我做了一篇文,叫做《千五百年前之中国留学生》,曾经登在《改造》杂志。我在那篇文章里头做了种种统计:

(一)年代别

西历第三纪后半	二人
第 四 纪	五人
第 五 纪	六十一人
第 六 纪	十四人
第 七 纪	五十六人
第八纪前半	三十一人

(二)籍贯别(内籍贯可考者仅六十五人)

甘肃十人	河南八人	山西七人
两广七人	四川六人	湖北五人
直隶四人	陕西四人	山东四人
新疆四人	辽东四人	湖南三人

(三)行迹别

1. 已到印度学成后安返中国者四十二人

2. 已到西域而曾否到印度无可考者十六人

3. 未到印度而中途折回者十四人(?)

4. 已到印度随即折回者二人

5. 未到印度而死于道路者三十一人

6. 留学期中病死者六人

7. 学成归国而死于道路者五人

8. 归国后第二次再留学者六人

9. 留而不归者七人

10. 归留生死无考者八十人(?)

(四)留学期间别（可考者）

四十年以上一人

三十年以上一人

二十年以上八人

十五年以上八人

十年以上五人

五年以上三十九人

(五)经途别（可考者但有往返殊途者）

海道六十八人

西域葱岭路七十七人

于阗罽宾路二人

西藏尼波罗路七人

云南缅甸路二十许人

我根据这些数目字，知道事实上"如此如此"，我便逐件推寻他"为什么如此如此"。于是得了好多条假说或定说，对于那回事情的真相大概都明了了。我高兴到了不得,好像学期试验得了一回最优等。诸君若要知道详细,请把那篇文章一看。

我研究佛教史,从各方面应用这种统计法,觉得成绩很不坏。我也曾从各家金石目录中把几千种关于佛教的石刻——如造像经幢之类,调查出土的地方,调查年代,调查所刻文字的内容——如所造像为释迦像,为弥勒像,为阿弥陀像;所刻经为《心经》,为《金刚经》,为《陀罗尼经咒》等等。我因此对于各时代各地方信仰态度之变迁,得着一部分很明了的印像。我又也曾将正续《高僧传》及各家《经录》中凡关于佛教著述的目录搜寻出一千来种,用他们所解释的经论分类,一看下去,便可以知道某时代某宗派兴衰状况何如。这些都是我现时正在进行的工作。我做这种麻烦的工作,很劳苦;但是我很快乐,因为我常常在我的工作中发见意外的光明。我确信我的工作,做一分定有一分成绩,做十分定有十分成绩。

我想这种方法,可以应用到史学的全部分。我的脑筋喜欢乱动,一会发生一个问题,一会又发生一个问题。我对于我所发的问题都有趣味,只可惜我不能把每日二十四点钟扩充为四十八点,所以不能逐件逐件的去过我的瘾。现在请把我想做而未能做的题目,随便说几个请教诸君。

(一)我们试做一篇"历代战乱统计表":把战乱所起的年月,所经过的年月;所起的地方,所波及的地方;为何事起;起于某种性质的人;为敌国相攻抑人民造反;为自相残杀抑对外防卫;……诸如此类,预定十几个条目,依格填去。也不必泛滥许多书籍,只要把正续《资治通鉴》编完,我信得过可以成一张很好的表。根据这表研究他"为甚么如此",一定可以发明许多道理出来。

(二)我们试做一篇"异族同化人物表":先把各史有传的人姓氏谱系来历稍为蹊跷的——如长孙、宇文之类,都去研究一下,考定某姓出于某族,并不是很困难的事。一面将各史传中明记某人本属某族——如金日磾本籍匈奴,王思礼本籍高丽之类,一一列出。其族别则分为匈奴,鲜卑,氐羌,蛮诏,高丽,女真,蒙古,满洲……等等。看某种族人数何如,某时代人数何如,某地方人数何如。此表若成,则于各外族同化程度及我们现在的中华民族所含成分如何,大概可以了解。

(三)我们试做一篇"地方统治离合表":其各地在本族主权者统治之下者不计,其北魏、元、清三朝,虽属外族而势力统一全国或半国者亦不计。自余各地,约以现制各道为区域;每一区域,先记其未隶中国版图之年代,既隶之后,或本地异族据而自立,或外来异族侵据,皆记之。也不必记详细事迹,但记分立侵据之年代及年数。有这么一张表,我们各地方进化退化之迹,自然有许多发明。

(四)我们试做一篇"历代著述统计表":把各史的《艺文志》和各人的本传凡有著述者,将其书名部数卷数列出。再将书的性质分类,将著书人的年代籍贯分类。求出某时代某地方人关于某类学问的著述有几多部几多卷。只把数目字列出,便可以知道某时代某种学问发达或衰落,某地方文化程度或高或低,或进化或退化。

(五)我们试做一篇"历代水旱统计表":我们历代史官,对于这类灾异极为注意,试把各史的《本纪》和《五行志》做底本,参以各省府县志,以年代地方为别做一张表。看隔多少年发一回,何时代多,何时代少。这样一来,上而气候地质的变化,下而政治的修明和颓废,都可以推测得几分。诸君试想:天下最无用的东西,还有过于"五行志"吗?到了我们这些刁钻古怪的史学家手里头,也许有废物利用的日子哩!

像这种大大小小的统计题目,常常在我脑子里转的,不下几十个。我也无暇细述,姑且举这五个不伦不类的讲讲。诸君举一反三,或者想出来的题目比我还多还好哩。总之,凡做学问,不外两层工夫:第一层,要知道"如此如此",第二层,要推求"为什么如此如此"。论智识之增殖,自然以第二层为最可宝贵。但是若把第一层看轻了,怕有很大的危险;倘若他并不是如此,你模模糊糊的认定他如此,便瞎猜他为什么如此,这工夫不是枉用吗?枉用还不要紧,最糟是瞎猜的结论,自误误人。所以我们总要先设法知道他"的确如此如此"。知道了过后,我自己能跟着推求他"为什么如此",固然最好;即不能,把事实摆出来让别人推求,也是有益的事。问设什么法才能知道"的确如此如此"呢?我简单回答一句:"有路便钻。"统计法便是这里头一条路。

我并非说这是研究史学的唯一好方法;但我敢说最少也是好方法中之一种。因为史家最大任务,是要研究人类社会的"共相"和"共业"。而这种"观其大较"的工作,实为"求共"之绝妙法门。所以我们很喜欢他。加以我们现存的史料,实在丰富,越发奖厉我们工作的兴味。但是这种工作,是很麻烦很劳苦的,而且往往失败;我自己就曾经失败过好几回。我并不劝各位同学都向这条路上走;但那一位对于这种工作有兴味,不妨找一两个题目试一试。须知从麻烦劳苦中得着一点成功,便是人生最快乐的事;或者还可以说人生目的就在此哩。

（本文系作者1922年11月10日在东南大学史地学会的演讲。原载《梁任公学术讲演集》第三辑,商务印书馆1923年版。后收入《饮冰室合集》文集之三十九）

中国考古学之过去及将来

梁任公讲　周传儒记

民国十五年秋，先师讲学清华，会万国考古学会会长瑞典皇太子东来，万国考古学会，开会欢迎之，先师在欢迎席上，讲演此题，当时用英文发表，此篇则其中文底稿也。事前先师口述，传儒笔记，又经先师亲手校改，今手泽犹新，而先师之墓木拱矣，悲夫！民国二十年三月廿日，周传儒补志。

我不是考古学的专门学者，实在不配讲这个题目，但是因为万国考古学会会长，瑞典皇太子殿下，光临敝国，同人为表敬意起见，嘱我把中国考古学之过去及将来,稍为讲讲,表示欢迎之意。我勉强把我所知道的,略说几句,恐怕有许多错误的地方,还望各位原谅,并请各位指教。

考古学在中国成为一种专门学问,起自北宋时代,约当西历十、十一两世纪。那个时候,中国的印刷术,已经发明了,而且很进步。中国还有一种专门技术——拓本,把纸蒙在古器物上头,能够把上面的文字花纹,及其他的模形,都摹印出来。这是宋朝已前早经发明的。一般学者,对于古器物的研究,便利了许多。而且这种知识,可以普及。所以在那个时代,有几部很有名的著述,到现今还存在。

一　当时大政治家兼大文学家欧阳修的《集古录》(《四库总目》称嘉祐六年成书,即一〇六一年)。是书搜罗许多铜器刻文,石器刻文。有些是他自己所收藏的,有些是他自己所亲见的,通通摹写上去,还加了许多考证。

二　赵明诚及其夫人李清照(中国女子会填词的第一个女文学家)合著的《金石录》(《四库总目》称绍兴中——三———一六二表上于朝)。是书体例,与欧书大致相同,不过搜罗更较完备得多。

三　薛尚功的《钟鼎彝器款识》(据曾宏父《石刻铺叙》以绍兴十四年即西历一一四四午傋置公库)。是书专限丁钟鼎文,与欧赵两书不一样。欧赵两书石刻多钟鼎少,是书石刻少钟鼎多。而且钟鼎原器的款识,照原样摹写出来,是这书特色。

四　王象之的《舆地纪胜》(《自序》作于嘉定辛巳即西历一二二一年)。这是一部地理书。一地方之后,附录舆地碑目,对于石刻所在的地方,载得很详细,为后来分地研究古物的先导。

五 聂崇义的《三礼图》(《四库总目》称太祖时诏颁行,九六○——九七五)。是书专画古代器物的图形,自祭祀的器物,常用的器物以至衣服宫室应有尽有。虽然不能说全都依照原物摹画,但每样都是用过一番很细密的工夫去考证,然后才描出来的。

六 李诫的《营造法式》(《自序》称哲宗元符三年作竣,即西历一一○○年)。是当时一种建筑术,不过对于古代的宫室考据得很详。

七 吕大临的《考古图》(《四库总目》称书成于元祐壬申即西历一○九二年)。是书系将古代钟鼎彝器,按其状况,令良工绘画,不失毫发。纵有文字脱落的器物,仍将式样绘出保存。收藏人的姓名,皆载在图说的头上,或标目的下方。铭识古字凡有异同的,都加以训释考证,有不识得的,都附在卷末以示存疑。

八 王黼的《宣和博古图》(《四库总目》称书作于大观初即西历一一○七年)。是书搜集历代自钟鼎至弩机等共七百十七件,鉴一百一十三件,共八百三十件。所收皆天府藏器,由皇帝及精通籀学之士,共同讨论训释。考证虽非尽善,形模一点不差。音释间或有错误的地方,字画完全仍旧。后代的人,可以根据他的图画,考知古代鼎彝的状况及文字。所以是书在考古学上,很有价值。是书从前极难得,现在才印出来。我打算送瑞典皇太子殿下一部。

从上面八种书看来,可知在北宋时代,这门学问,极其发达。假使能够继续发达下去,到现在不知道进步到什么程度了。可惜南宋中叶约当十二、十三两世纪(一一二七——一二七九)以后降至元明两代,学风丕变,学者趋重玄谈方面,讲哲学的人很多,对于这种事业,不大注意,所以衰微下去。到清初又重新恢复起来,乾隆中叶,西历一七六五年前后,渐渐有人注意了,还不很盛。我们看《四库全书总目》,关于金石书籍,不过五十八种,金石目三十六种,存目二十二种。

由乾隆中叶以后,直至现在,一百五十年间,这种学问有很猛烈的进步,而且分科研究一天比一天精密下去。著名的学者,已故的如阮元、翁方纲、王昶、孙星衍、钱大昕、瞿中溶、李宗瀚、吴荣光、鲍康、陆耀遹、黄易、陈介祺、吴式芬、刘心源、吴大澂、王懿荣、端方、吴云、潘祖荫、武亿、严可均、张廷济、李遇孙、刘喜海、徐渭仁、杨守敬、毕沅,现在的如罗振玉、王国维、马衡,这些都是很著名的考古学家。此外还很多,不必细举了。

这一百五十年来,关于考古学的著作,数目的增加,实在可惊。据我所看见过,认为很有价值,已经成书的,不下四百种。此外散在文集里的单篇,关于一部分的考据那种文章,更不计其数。这类著作,大都依着欧赵薛诸人的规模,不过编制较为精审,分科亦很细密。或将器物的文字,全数录出;或将器物的原形,照样摹写;或划分种类,专编目录,在目录中,记年代,记地方,记何时出土,何地发现,或已失去,或尚保存,诸如此类,记载得很为详细。有许多著述,专记一个时代,如像《两汉金石记》之类,不止两汉,历代都有。有许多著述,专记一个地方,如《两浙金石录》之类。地方的分类,有分到极细,专记一县的。还有许多著述专记一种金石,或专记所刻书籍,或专记钟鼎,或专记古钱,或专记古印章,分门别类,样样都有。所以近百五十年来,这种进步,实在猛烈,回看北宋时代的著述,反觉得很幼稚了。

　　我把他们所研究的对象,用来作分类的标准,大概可分四大类:

　　　　甲,石类。

　　　　乙,金类。

　　　　丙,陶类。

　　　　丁,骨甲及其他。

　　以下分四类物,略加说明。

　　甲　石类　在中国考古学中,以这类为最大部分,资料极其丰富。现今所存的石刻最古的要算周宣王(西元前八二七至前七八二年)的石鼓了。鼓共十个,有一个毁去半边,现陈列在北京孔庙的大门内。其次要算秦始皇时候(西元前二四六至前二一〇年)的六个纪功碑,分摆在直隶、山东、浙江等处地方,可惜现在六个碑都已佚了。只有山东泰山那块碑,还剩下十个大字,存放在泰山一个古庙中。西汉前一世纪的石刻,留传得很少,现存的不满十种。东汉(后一、二世纪)以后,渐渐多起来,降至六朝隋唐(三、四、五、六世纪)那就多极了。近代的石刻现今研究这派学问的人以为价值甚小,没有多大注意,研究的集中点,还是在唐朝以前那个时代。这种石刻,主要的部分,可以分为下列数种:

　　一　石经　汉熹平,魏正始,唐开成,五代时的蜀国,宋嘉祐,南宋高宗,清乾隆,都有石经。汉魏蜀石经都已亡佚了,不过留下些断片。现存的石经,在陕西西安府学有唐朝开成时代(西历八三六——八四〇年)所刻十二经,在北京国子监内有清朝乾隆(一七五〇年后)所刻十三经,这都是儒家经典。此外佛家石经在山东、河南等处磨石而刻的很不少。现存最大部的是离北京西北七十里,有个大房山,里边有七个洞,把五千卷的佛经,用二千三百余块大石头刻起来。始于北齐迄于辽,前后费了四百年的工作,然后刻成。

二　纪功纪事碑　或记载某时代,某种功德,或记载某种大建筑,或记载某人的事业。有的是起一个亭盖上他,有的是放在大建筑的院子里或其他地方。

三　墓志铭　这种东西,都是行葬礼的时候用的,埋在地下。墓志铭上面,记载墓中人一生的事业,一生的经营。

四　造象　此类作品,以六朝隋唐间(三、四、五、六世纪)最多,因为那时佛教很盛,所以刻佛像的风气很盛行,到现在留传下来不少。

五　石画　或者画在大建筑内,或者画在坟墓中,或者画在桥梁下,大概一种故事,有的刻旁的花纹,表一种象征的意思。

上述五种,不过略举梗概,其他刻石的东西尚不少,或在井上,或在桥上,常常有许多刻石,留传下来。不过讲石刻的大宗,仍要算前面那五种,尤以墓志铭及造象为最多。因为墓志铭埋在地下,所以陆续出土,每年出土多少,现在虽无统计,但迟一年,就多一年。又因造像刻在悬崖上很高的地方,比较不容易损坏,藉此保全下来的很多,这些石刻我们都用特别的拓本技术,摹拓下来。一个学者,尽管坐在屋内,仍可搜罗完备,所以研究这门学问,很为方便。

他们研究的成绩,有下列几项:

一　因为这种石刻,历代都有,所以要研究历代文字的变化,可以看得很清楚。而且中国人，以写字当成一种美术看待，许多有名的字，都可保全下来。所以要研究一时代一时代的书风，亦可以看得很清楚。

二　许多古书，传下来的文字，有错误或异同的地方，在各时代的所刻的石经，或石碑及墓志铭所引经典，都可以用来作为校勘的材料。

三　许多过去的历史事迹，有遗漏的加以补充，有错误的加以改正。关于历史上事迹的考证，这种工作，为这派学者最用力的地方，材料亦很丰富，成绩亦很优良。

四　很古代的画，没有法子找寻。但汉代以后的石画，还可以略窥端倪。因为有这种石画，可以看出汉朝以后的画风。而且在他们所画的东西上，可以看出当时的器物及衣服。又在他们所画的故事上，可以看出神话的心理。

五　还有一种造象，可以看出一时代一时代雕刻的变迁。他们所造的象，又因时代而不同，历代信仰的变迁，亦可以由此看出来。

六　还有许多特别的石刻，可以因之看出外来宗教之派别，就是已经衰微的宗教，亦可追寻出来。如景教流行中国碑具载基督教的一支流行中国的原委，下段附有叙里亚文，尤为全世界所罕见。又如开封挑筋教所立寺，有明正德六年（西一五一一年）佚碑，可证犹太教入中国之久。

七　还有许多边界刻石，如东部的丸都纪功刻石（魏正始间）、新罗真兴王定界碑（陈光大二年）、平百济碑（唐显庆三年），西部的裴岑纪功刻石(汉永和二年)、姜行本纪功碑(唐贞观十四年),北部的苾伽可汗碑(唐开元二十三年),南部的爨宝子碑(晋大亨四年)等等,可以看出外族与中国交涉之事迹,有助于考史最大。

八　前述的景教流行中国碑,载基督教传入中国的事迹,而九姓回鹘纪功碑(中、突厥、粟特三体)又载摩尼教所以由中国输入回纥的原故,可以说明东西文化的关系。其余,唐蕃会盟碑(中、回两体),阙特勤碑(中、突两体),可以看出西域为东西媒介在中国文化之重要。

九　许多已经死去的文字,靠这种石刻,我们可以再读。如居庸关城门洞内,刻了许多画,还带着六种文字,近人考订一为汉文,二为西夏文,三为蒙古国书拔合思巴体,四为畏兀吾文,五为梵文,六为藏文。他如莫高窟造象记,其字迹及年代,亦与居庸关刻石大致相同。西夏文字、蒙古国书等文字,因为与梵文、汉字并列,可以复活认明出来。

十　有许多很奇怪的刻石,记载契约条文。在内地各省,这种买卖田地的契约,现在发现者很多,可以看出古代民法实在情形。如长庆会盟碑用中藏两国文字,刻出双方所订条约的原文,可以看出当时国际交涉的法律。又此种碑刻,有当时官名人名的音译,可以看出唐时的古音。

上面所举十宗,不过简略的表明,做这种工作,对于历史上及文化上裨益很大。同石刻相类的东西,还有一宗,现在已经成为专门的研究,就是玉。因为中国用玉用得很古,而且所刻花纹很多,可以用玉的式样及花纹,来定他的时代,亦于考古上有关系,这是要附带说明的。

乙　金类　金类的东西,包括铜铁两项,而以铜为主体;因为铁器容易坏,所以存者不多;铜器比较坚牢,能够耐久,所以留传者极多。最古的铜器,有三代时候的东西,下至秦、汉、魏、晋、隋、唐无代没有。以前的人,不肯十分注意,所以出土的东西,散佚者甚多。近来对于古物的兴趣增加,鉴别的能力,拓印的本事,亦远非前人所能及。散佚的,就比较少了。这类器物,主要的部分,又可以分为下列数项:

一　钟鼎文　在夏殷的时候铸造钟鼎之风盛行,所以这类器物很多,最主要的,就是祭品。有作祭礼用的。亦有作陪嫁用的。古代很看重这种东西,所以说:"君子虽贫,不鬻祭器。"我们看春秋时代,许多战争同媾和,都以这种东西作条件。所谓"迁其重器"这类事实,异常之多。古代的钟鼎,陆续出土,陆续丧失去了。我们把宋代欧、赵、薛三书所载,合算起来,有六百四十三件(根据罗振玉《雪堂丛刻》所列)。其中存留者极少。但后代陆续出土的为数很多,清代著录所存,共有二千六百三十五件(根据《雪堂丛刻》),这些都在民间。宫庭中所藏,尚不在此数,想来还要多些。武英殿文华殿,及故宫博物院各有一部分,目录还未编好,此刻尚不能尽举其数。这种东西,十之八九,在孔子以前,文字很难读,现因学者努力的结果,几乎全部可通了。关于研究古代文字的变迁,研究中国文字的源流,这是极重要的资料。其中文字,比较简单者多,约占十之八九;长篇者少,约占十之一二。我们因为能读这种文字,对于孔子以前的历史可以校正许多,对于历史上的大事,可以补充许多。还有一般社会上的经济状况,或民法方面的契约,很可以在里边,看出一部分来。所以近六七十年,研究金文的功作,比研究石刻更努力,而且研究金文的效果,比研究石刻更多。

二 古钱 古钱的研究,在考古学中,由附带的研究,变为独立的专科了。现在搜罗古钱最丰富的人,不同样的钱,在七千种以外。据说最古的,有五千年以前的东西。这话我虽不相信,但减少一点说,三千年或者二千五百年的钱,当然是有的。我们看那种古货币,即中国古代交易的媒介物,可以推想到那时的经济状况。中世近世以后,一时代有一时代的钱,每一皇帝即位,另铸新钱。所以看这种钱,质之美恶,量之大小,工作之精粗,各时代的经济状况,都可由此看出。还有他们收罗古钱的人,对于外国输入的货币,亦很注意,不特可以看出本国的经济状况,并且可以看出四围外族同我国的贸易状况。

三 度量衡 现今所存的古度量衡,有秦权秦量、汉建初尺、新莽始建国尺、晋前尺、汉量、汉钟、汉钫、汉斛,中间除权是金石并用外,其余都是金属。我们可以看出历代度量衡的变迁,最重要的是尺,因为汉尺、晋尺,可以推算周尺是怎样,所以研究古器物,古模型,可以得精确的标准。譬如研究古乐器,一面得着晋前尺,一面又得晋的笛谱。我们可以根据尺,依着谱,做晋朝的笛子,与晋人所作一样。

四 古印 古印有官印私印两种。现今收藏古印,亦成为专门学问了。收藏最多的人,种类在一万以上。对于这种可以看出古代官名,史书上不载者,印里边得着很多。地方名字有更改者,亦可由古印中考出。这些都是主要的用处,还有一种附带的用处,就是中国人把刻印看为美术的一种。刻图章的人,因为古印的发现,有所观摩,艺术因而有大大的进步了。

五 镜 中国古代无玻璃,都用铜镜,直至唐宋铜镜还是很盛行,元明以后,渐渐消灭了。现在搜罗铜镜的人,种类不同者很多,因为没有统计,一时举不出数目来。我们研究铜镜,看它的花纹,一时代与一时代不同,镜上所刻动植物,亦不一样,可以看出雕刻风的转移,亦可看出中国同外族往来的状况。因为受外族的影响,技术上有很大的变迁。

这五样为铜器的大宗,此外零碎的东西很不少。如兵符,秦有虎符,唐宋有鱼符。从前调兵两地分符,一半放在地方上或将军身边,一半放在皇帝那里,要调兵时,把这一半拿去合那一半去。符的制度和形状,一时代与一时代不同,拿来研究,很有趣味。又如殷周的雕戈及矢镞,或有文字,或无文字。将各种兵器,作时代的比较,很可以看出一部分战争的情形。后代兵器用铁,铁难保存,所以毁坏了的很多,然铜的戈矛箭镞,尚有一部保存。再如魏汉晋间的弩机,其构造又与前代迥异,亦为考究古代战争情形的好资料。

丙 陶类 陶器可以分为两大时代,就是近代的磁器与古代的陶器。近代磁器,另外是一种专门学问,属于美术方面的研究,此处可以不讲。古代陶器,又可分为古陶、砖瓦、模范、明器数种。在考古学上,以前两种关系最大,后两种关系较轻。

一 古陶 磁器以前的古陶,近来陆续出土的很多。山东方面从前齐鲁的地方及直隶易州,新出土一种陶器。多属钟类(乐器)、镫类(祭器)及壶类(酒器),大都破碎,完整者甚少。上面刻有文字,不与普通钟鼎文字相同,近人考订为战国时文字。有地名,如某某里,及工人名,如某某人,惟不能认识的字还很多。这类陶片,正在研究中,将来能够完全认出来,一定于考古上帮助很大。此外秦时的度量衡,亦有用陶器做成的,上面有文字者,尚可识别。

二 砖瓦 最古的瓦,可以上溯到秦朝。战国时候的秦人所用的瓦,现今尚可觅得。西汉时代,瓦最多,其上间或印有年代,所以一望而知。至于砖,那更普通了。历代大建筑所用的砖,都有文字,并标明年代。现代搜罗这种古砖,已渐渐成为小小的专门学问了。

三 模范 古代铸器物所用的模范,现今尚有一部保存,最主要的,就是货币的范。汉代的范,间或可以寻得到,后代的范,则很普通。还有最初制造活字版的范,留传的亦很多。最古的,可以上溯至五代。范的搜集,与砖瓦一样,亦成为专门研究了。

四 明器 明器,是死者殉葬所用,如俑之类,近来出土的很多。我们看俑的样子,及所穿衣服,里边很有研究的余地。近代出土的明器,以六朝及唐为最多。服妆有点与西洋人相仿佛,面貌亦深目高鼻,不似汉人模样,可以看出古代中西交通的痕迹,可以看服妆上所受影响。其他的器物,奇怪者颇多,为研究古代社会风俗的绝好资料。

丁 骨甲及其他 自汉以来,一般学者对于三代知识,率皆模糊,不甚了解,各种纬书又多怪诞不经的学说,难以凭信。自有骨甲出土,然后殷朝事迹渐渐有一部明了。又西域方面,向来认为无甚文化可言,自有竹简发现,然后西域对于中国的关系,逐渐认为重要。以下分为两段,略加解释。

一　骨甲　考古学界,最近有一种很大的兴奋,就是光绪二四、二五两年(西历一八九八——一八九九年),在河南安阳县治西五里,即殷墟,出土一大批的骨甲。现在流到欧洲去的很多。中国方面,则罗振玉、刘铁云搜罗亦不少。这种东西,初出土的时候,大家不知道作什么用,文字亦难识别。后来经几个大学者努力研究的结果,总算认得大半。于是中国小学界——即文字学,起一大革命。从前臆断许多造字的原意,臆断错了的,都可以得相当的改正。还有许多历史上重大事实,古书上记载大略,令我们看不懂的,或者认为很荒唐的,都可以得相当的补充及证明。这种东西,孔子所不曾见的,我们居然看见了;孔子所不知,我们知之;孔子说错了,我们校正。此外则古代的社会风俗、制度、心理,亦可推想许多出来。关于这种文字的研究,现尚在进行中。我们希望再加努力,果能全部认出,所得当不只此。

二　竹简　自从英人斯坦因(Stein)往西域考查古物,于新疆及中亚细亚一带发现许多竹简,就是所谓“流沙坠简”。这种竹简,大概都运往欧洲,欧洲人到是很有研究。我们看竹简上的记载,与中国有关系的地方很多。最古起两汉,最近到六朝。综合研究,一面可以多了解西域情形,一面可以多了解当时的制度风俗。

石类、金类、陶类、骨甲及其他,这四大类,不过举其重要的部分,据我感想所到,略说几端。其他还很多很多,我不是专门家,用不着多讲。总计近百五十年来,因为努力研究的结果,进步很快,虽然所用方法，不过是中国旧有的老法子，在学问上的贡献，已经不少了。中国考古学界，过去的情形，大致如此。

不过据我看来，考古学还是很幼稚，前途可以发展之处正多。应当努力之处亦不少。从今后，应当本着两个方向，往前工作去。

第一个方向是发掘。从前这种古器物的出土，都是碰机会，偶然发现出来，宝贝已经很多了。往后要进一步，作有意识的发掘。这类工作，中国完全没有。近来欧美学者，到中国来作有意识的采掘，成绩很佳，于是中国学者，亦感觉有自动采掘的必要。假使中国真有采掘学者，真心要想采掘，下列几个地方很可以值得注意：

一　新疆　近来欧美学者，在新疆方面很用功，已经有很好的成绩了。不过据我看来，蕴藏尚富，可以采掘的地方，还很多。因为那边是沙漠，变迁剧烈，一个古城，极容易被风沙湮没下去。《汉书·西域传》与《唐书·西域传》不同，《唐书·西域传》又与今日的西域不同，其中的原故，可想而知。假使有具体的计划，大规模的用功，将来所得的古物，一定比今日还多几十百倍。

二　黄河上游　黄河上游一带，古代人多穴居，直到现在，此类穴居的人，还是不少。那边土质又疏松，容易奔裂，我们想像这带地方湮没下去的城市，庐舍人畜定不少。所以可发掘的地方，一定异常之多。

三　黄河下游　因为历代的黄河，常有溃决的祸患，所以沿河两岸，湮没的地方不少。最大的证据，即如民国八年（西一九一九年），在巨鹿地方，发现一所古城，位于今城下面约数丈，里边有宋朝徽宗大观二年（西一一〇八年）的石刻，可知是大观以后湮没的。我们得了这所古城,好像意大利得着潘沛依(Pompeii)一样,古代的风俗制度的状况,以及其器物技艺的变迁,都可以看出来。黄河下流,被湮没的城,决不止这一个。将来作有意识的发掘,一定还可以发现很多。

四　古代坟墓　极古的坟墓,还有许多的的确确知道在什么地方,不过中国以发坟为不道德,养成风气,难以骤改。将来慢慢改变过来,则有名的坟墓,都可以次第发掘了。民国五年(西一九一六年),在广东发现南越王赵胡的坟,其中有各种古物,可惜都四处散失了。最有发掘价值的,莫如曲阜孔陵,因为中国人尊孔,保全得极好。不惟孔子,连孔子的子孙,历代都葬在这个地方,一点没有搬动。如把孔子及孔子子孙的坟,通通打开,历代情形,可以了如指掌。那简直是一个极好的博物院,数千年的历史,全在里边了。

此外古代的大城名都,或经兵燹废为故墟,若用人力,稍为采掘深一点,可以得出很多古物来。不过这种事业,很不容易举办。因为经过的地方很广,乡下农民,又多迷信,阻力一定异常之大。一面要等到教育普及,一面要等到政治修明,才能往下做去。现在只能培养人才,预备工具,以后碰着机会,立刻可以举行。

第二个方向,是方法进步。以前考古学所用的方法,全是中国式。自从欧、赵以后,遗传下来,不过时时有所改良而已。此种方法,好处甚多,然亦不算完全。我们希望将来,全国高等教育机关,要设考古专科,把欧人所用方法,尽量采纳。

一　旧方法的改良　例如从前利用器物上的花纹文字,以断定他的年代,这种方法,当然十分精确。不过遇着器物上没有花纹文字,那就没有办法了。今后应当在他的质料形状,色泽上寻出标准,纵然没有文字花纹,亦可以推定他的年代。

二 新方法的引用 例如有地质学的知识,可以用崖层状况,以判定时代的早晚。有人类学的知识,可以考出头颅骨骼的派别。这类科学,于考古方面,直接间接,裨益甚大。我们一面要得前人所未得的资料,一面要用前人所未用的方法,从荒榛断梗中,辟出一块田园来。

以中国地方这样大,历史这样久,蕴藏的古物,这样丰富,努力往下作去,一定能于全世界的考古学上,占极高的位置。现今青年学者,很有许多人,在这方面做工作。正好全世界考古学泰斗瑞典皇太子殿下,到中国来,我们希望给我们以很好的指导,给我们以充分的帮助,必能为考古学界,开一新纪元。这就是同人这一点欢迎的意思。

（原载《重华月刊》1931 年第 1 期。后收入《饮冰室合集》专集之一百一）

跟大师学国学　已出书目

国学概论　章太炎　讲演　曹聚仁　整理

人间词话　王国维　著　徐调孚　校注

经典常谈　朱自清　著

唐诗杂论　闻一多　著

中国史纲　张荫麟　著

三国史话　吕思勉　著

明史讲义　孟森　著

中国历史研究法　梁启超　著

中国小说史略　鲁迅　著

清史讲义　孟森　著

清代学术概论　梁启超　原著　朱维铮　校订

中国历史研究法补编　梁启超　著

国学常识　曹伯韩　著

中国书画浅说　诸宗元　著

诗境浅说　俞陛云　著

文字学常识　胡朴安　著

宋元戏曲史　王国维　著

中国绘画史　陈师曾　著

读书指南　梁启超　著

中国八大诗人　胡怀琛　著

国史讲话　顾颉刚　著

词学通论　吴梅　著

谈美　朱光潜　著

佛学常识　太虚　著

李鸿章传　梁启超　著

古书真伪常识　梁启超　演讲　周传儒　等　笔记

怎样读古书　胡怀琛　著

中国的文化与思想　常乃惪　著

中国的兵　雷海宗　著

文艺常谈　朱自清　著

史讳举例　陈垣　著

中国政治思想史　吕思勉　著

《诗经》讲义　傅斯年　著

文心雕龙札记　黄侃　著

中国哲学十讲　李石岑　著

明清戏曲史　读曲小识　卢前　著

史学方法导论　傅斯年　著

先秦政治思想史　梁启超　著

中国近代史新编　蒋廷黻　著

孔子与儒家哲学　梁启超　著